教育部人文社会科学研究一般项目"西部乡村儿童数字素养测量模型构建与城乡鸿沟弥合研究"

（项目编号：23XJC860001）资助

西安外国语大学学术著作出版专项资助

智能手机与儿童的数字化成长

高晓瑜 著

SMARTPHONES AND
THE DIGITAL GROWTH OF
CHILDREN

社会科学文献出版社
SOCIAL SCIENCES ACADEMIC PRESS (CHINA)

目　录

图目录

表目录

前　言

在人类历史进程中，各种媒介技术纷纷走进家庭，在家庭生活中扮演着不同的角色。当智能手机进入家庭，它打破了原有的时空概念，重新定义了家庭成员之间的权力关系，构建了一个不同的家庭互动场景，对家庭生活和亲子关系产生了不容忽视的影响。手机进入中国城乡家庭经历了不同的驯化过程，在日复一日的媒介实践中，手机与家庭成员相互中介，在彼此互动的过程中构建了不同的媒介驯化路径与中介策略，形成了不同的沟通模式与媒介生态场域，伴随着儿童的成长。

本书从城乡家庭对比的视角出发，借用父母中介理论、场域理论、驯化理论和数字区隔的相关理论，深入中国城市与乡村不同家庭的微观情境中，通过对中国城乡家庭的非参与式观察和对父母、儿童分别进行深度访谈，回答了以下三方面问题：（1）智能手机作为新的"家庭成员"如何进入不同的家庭？父母与儿童如何与它"共处一室"？不同家庭的媒介驯化路径有何差异？（2）城乡儿童的手机实践是否存在差异？不同阶层的父母面对手机采用的中介策略有无差别？（3）中国城乡家庭的媒介生态环境中是否存在数字区隔？

研究发现，由于经济地位和受教育程度的差异，中国城乡家庭中的父母面对手机时秉持的态度和做出的反应各有不同，智能手机在家庭中扮演的角色也不尽相同。城市家庭中，手机被驯化成为一种生活方式，融入具体的家庭实践之中。它不仅是具有多重功能的"工具"，还作为中介深度参与城市家庭的日常生活和权力关系的建构。家庭成员对待手机的态度相对中立和宽容，父母以"参与创造者"的身份与儿童共同协商、构建着智能手机的角色，他们采取积极的、参与式的中介策略，亲子之间能够以手机为中介开展家庭互动、确立彼此身份，最终形成一种较为平等、积极的交流模式。乡村家庭中，手机被驯化成为功能单一的"娱乐工具"，儿童无法充分享受到手机带来的"数字赋能"，家长对手机的态度因此更加复杂和矛盾，他们能更明显地感受到智能手机带来的冲击和威胁，但受数字技术和媒介素养的限制，他们通常扮演"被动使用者"的角色，只能采用限制性的中介策略来管理儿童的手机使用实践，但是过度依赖限制中介策略并不能很好地降低儿童使用智能手机的风险，反而容易造成亲子关系的紧张。

本书通过呈现以智能手机为中介的中国城乡儿童数字成长图景，揭示了城乡家庭中不同媒介实践方式背后隐藏的数字区隔问题。现实生活中，智能手机、人与现实环境经由深度互动，形成一个动态的、互构的复杂场域。在这个场域中，中国城乡家庭占有不同的社会资本，父母与儿童作为行动主体与手机建立了不同的关系、形成了不同的惯习、获得了不同的社会资源与支持。反过来，这些差异会作用于人与技术的关系，将现实生活中的差异以一种复杂的形式延伸至数字世界，在日复一日的媒介实践中，城乡家庭媒介生态场域中的数字区隔逐渐显现，伴随着当代儿童的成长。

第一章　绪论

第一节　智能手机时代的儿童

在数字技术发展迅速的今天，大多国家和地区的儿童有机会拥有和使用智能手机。根据联合国儿童基金会的报告，全世界每天有超过17.5万名儿童第一次上网，平均每半秒钟就新增一名儿童网民。[①] 在中国，2022年，未成年网民规模已突破1.93亿人，未成年人使用网络的低龄化趋势明显，2018~2022年，小学阶段的未成年人互联网普及率从89.5%提升至95.1%。[②] 大部分未成年人拥有自己的网络设备，2020年，未成年人中使用手机上网的比例高达92.2%。[③] 在中国农村地区，根据2019年的统计，93.4%的未成年人使用手机作为上网设备。[④]

正如美国学者理查德·塞勒·林所言[⑤]，手机是迄今为止全世界普及率最高的信息传播工具，从来没有哪一种传播工具能够像手机这样，以如此快的速度被普及。今天，智能手机与儿童的日常生活相互交织、

[①] 联合国儿童基金会：《2017年世界儿童状况：数字时代的儿童》，2017。

[②] 共青团中央维护青少年权益部、中国互联网络信息中心：《第5次全国未成年人互联网使用情况调查报告》，2023，第1页。

[③] 季为民、沈杰主编《青少年蓝皮书：中国未成年人互联网运用报告（2020）》，社会科学文献出版社，2020，第37页。

[④] 中国互联网络信息中心：《第45次中国互联网络发展状况统计报告》，2020。

[⑤] 〔美〕理查德·塞勒·林：《习以为常：手机传播的社会嵌入》，刘君、郑奕译，复旦大学出版社，2020，第79页。

彼此渗透。它中介着家庭成员的连接与互动，也参与着家庭交流模式与亲子关系的构建，在儿童成长的过程中扮演着重要角色。

皮尤研究中心的调查[①]显示，在 2020 年，智能手机、平板电脑和社交媒体等使得家长们的育儿比 20 年前更具挑战性。印刷时期，父母几乎绝对控制了儿童所能获得的一般社会信息，由此也形成了社会化过程中的等级制度。新媒介时代，电子媒介信息获取的模式绕过了传统管道和把关人，父母失去了其在印刷社会中的控制地位。家长们"不可能再依赖他们自己的童年经验来引导孩子"[②]，父母们既没有相关政策的指引，也缺乏相关经验，很容易产生对手机技术的恐慌。

面对复杂的环境和关于对儿童控制权丧失的担忧，一场以智能手机为中介的亲子博弈悄然展开，家长们以不同方式参与、介入儿童的手机使用，而孩子们则以不同的方式接受、抵抗或逃避父母的介入。研究表明，父母对子女数字媒介使用的高度介入，已成为亲子冲突主要的导火索之一。[③] 面对手机这个新的家庭成员，父母和孩子都在不断尝试中摸索如何与它更好地相处和共存，但大多家长在短时期内并未找到恰当的介入策略。

Livingstone 在 2008 年国际传播学会学术年会上做了题为"一切都是中介化的"（On the Mediation of Everything）的发言，她提到，新媒介已经渗入社会生活的每一个角落，媒介作为推动社会实践的技术性中介，参与人与人的交往以及人对世界的认识和理解，形成了"一切都是中介化的"的社会。[④] Ihde 则将人与技术物的中介化关系解释为技术物通过融入人的具身化实践、与人产生互动来认识并理解世界，人凭借技

① "Parenting Children in the Age of Screens", 2020, http://www.pewresearch.org/internet/ 2020/07/28/parenting-children-in-the-age-of-screens/.

② Giddens, A., Held, D., & David Held, P. (eds.), *Classes, Power and Conflict: Classical and Contemporary Debates* (Los Angeles: University of California Press, 1982), p. 63.

③ Mann, S., Nolan, J., & Wellman, B., "Sousveillance: Inventing and Using Wearable Computing Devices for Data Collection in Surveillance Environments", *Surveillance & Society*, Vol. 11, No. 3, 2003: 331-355.

④ Livingstone, S., "On the Mediation of Everything: ICA Presidential Address 2008", *Journal of Communication*, Vol. 59, No. 1, 2009: 1-18.

术物存在，且创造了他们的"生活世界"（life world）。① 今天，我们生活在以智能手机为代表的数字媒介时代，手机已不再是简单的信息传播和沟通交流工具，它作为一种新的中介形式，深度嵌入家庭生活的具体空间与日常实践中，中介着家庭生活中人与物、人与人之间的互动交流和沟通模式，参与着整个家庭的生活方式和亲子关系的构建，使得儿童成长经验、家庭权力与亲子关系等都发生重大变化。当然，以智能手机为中介的交往方式并没有完全取代原有方式，而是形成了多种方式共存的交流情境，为家庭互动提供了更多的可能性。

Silverstone 等人②与 Morley 等人③在考察媒介技术如何进入家庭生活的过程中提出了驯化（domestication）理论，为研究者"处理技术的个人使用与个体和公共联系之间的关系提供了可靠的研究范式"④，为我们理解媒介技术与人的关系提供了更为全面和丰富的理论视角。一方面，驯化理论关注人类如何使用媒介技术并将其嵌入日常生活之中；另一方面，它关注媒介技术介入家庭后如何参与日常生活协商，并进一步构建新的家庭权力关系和生活规范。⑤ 家庭成员与智能手机相互中介、彼此驯化，构建了一个亲子之间连接、互动、协商的平台，形成了不同的家庭媒介场域。

已有研究表明，智能手机对家庭生活和亲子关系产生了不容忽视的

① Ihde, D., *Heidegger's Technology: Postphenomenological Perspectives* (New York: Fordham University Press, 2010), p.39.

② Silverstone, R., & Haddon, L., "Design and the Domestication of Information and Communication Technologies: Technical Change and Everyday Life", in Mansell, R., & Silverstone, R. (eds.), *Communication by Design: The Politics of Information and Communication Technologies* (Oxford: Oxford University Press, 1996).

③ Morley, D., & Silverstone, R., "Domestic Communication—Technologies and Meanings", *Media, Culture & Society*, Vol.12, No.1, 1990: 31–55.

④ Hartmann, M., *The Domestication of Media and Technology* (Maidenhead: Open University Press, 2006), p.94.

⑤ Khvorostianov, N., "'Thanks to the Internet, We Remain a Family': ICT Domestication by Elderly Immigrants and Their Families in Israel", *Journal of Family Communication*, Vol.16, No.4, 2016: 355–368.

影响。① 智能手机让青少年可以更方便地与父母联系，父母也可以更轻松地追踪孩子的活动轨迹。② Skype、Facetime 等软件则为代际沟通提供了新的方式，由此产生了一种新型的亲密关系。③ 智能手机进入家庭后，家庭权力结构开始发生变化，传统的单向权威逐渐消散④，亲子关系——家庭中父母与子女互动所构成的人际关系被重组。传统家庭中，父辈掌握着更多的经验，代表着家庭的权威。但是，互联网技术出现后，技术对年轻一代的赋权改变了家庭内部经验传输的模式，父辈不再拥有绝对的权力和优势。于是，一种更为多元、混合、复杂的亲子关系逐渐显现。⑤ 一方面，"父为子纲"的传统文化传承模式在许多家庭依然根深蒂固⑥；另一方面，手机等新媒介进入家庭生活后使得个人的家庭角色发生逆转，儿童对父母权威的认可度正在降低⑦。

家庭作为社会系统中的基础单位，受社会各种因素的影响。考察智能手机在儿童成长及家庭传播中的作用，要充分考虑经济、文化、地域、受教育程度等众多因素的影响。在以手机为中介的全新互动关系中，不同家庭由于经济收入、受教育程度等的差异会形成完全不同的家庭媒介形态和实践路径。互联网不是乌托邦，现实生活中父母的社会阶

---

① Bacigalupe, G., & Lambe, S., "Virtualizing Intimacy: Information Communication Technologies and Transnational Families in Therapy", *Family Process*, Vol. 50, No. 1, 2011: 12-26.

② Kennedy, T. L., Smith, A., Wells, A. T., & Wellman, B., Networked Families (Pew Internet & American Life Project, 2008), pp. 1-36.

③ Bleumers, L., & Jacobs, A., "Beyond Being There: A Grounded Investigation of the Value of Virtual Worlds for Remote Family Interaction", *Journal for Virtual Worlds Research*, Vol. 3, No. 2, 2010: 21-45.

④ Clark, L. S., "Parental Mediation Theory for the Digital Age", *Communication Theory*, Vol. 21, No. 4, 2011: 323-343.

⑤ Galvin, K. M., Braithwaite, D. O., & Bylund, C. L., *Family Communication: Cohesion and Change* (Routledge, 2015), p. 49.

⑥ 周裕琼、林枫：《数字代沟的概念化与操作化：基于全国家庭祖孙三代问卷调查的初次尝试》，《国际新闻界》2018 年第 9 期。

⑦ Hefner, D., Knop, K., Schmitt, S., & Vorderer, P., "Rules? Role Model? Relationship? The Impact of Parents on Their Children's Problematic Mobile Phone Involvement", *Media Psychology*, Vol. 22, No. 1, 2019: 82-108.

层和社会资本会通过代际传递而体现在互联网世界[①]，数字区隔以一种残酷而真实的方式参与到不同家庭的媒介实践中，影响着不同家庭中儿童的数字成长与亲子互动。

研究发现，父母的社会地位对儿童互联网使用模式存在明显影响[②]，社会地位低、单亲家庭的孩子由于数字技能水平较低，更有可能无目的地使用互联网浏览信息、交谈和玩游戏[③]，在互联网技术和移动设备的使用过程中不能获取更多优质信息和机会。同时，社会底层的父母亦无法为孩子提供更多有益的媒介使用建议和实践指导。从已有研究来看，西方学者立足日常家庭实践，探讨了家庭情境与儿童使用互联网之间的关系，考察了为什么同样的媒介技术在不同的家庭中产生了不一样的传播效果，而相关研究在中国还少有人开展。

中国互联网发展迅速，2020年互联网发展指数排名世界第二，仅次于美国。[④] 随着信息基础设施建设的不断推进，中国城乡儿童在互联网接入层面的鸿沟已逐渐消弭，但使用、知识等层面的差距依然显著。学者李晓静在2019年对豫北一所乡村小学和上海一所城区小学进行田野调查后发现"使用沟才是城乡儿童间关键的数字鸿沟""村小学生在家/校虽然都有新技术设备和网络，但并不自主使用，家长和教师也并不鼓励孩子自主用新技术来学习"。[⑤] 城市与乡村的儿童、家长以及教

---

① Colley, A., & Maltby, J., "Impact of the Internet on Our Lives: Male and Female Personal Perspectives", *Computers in Human Behavior*, Vol. 24, No. 5, 2008: 2005-2013.

② Rothbaum, F., Martland, N., & Jannsen, J. B., "Parents' Reliance on the Web to Find Information about Children and Families: Socio-Economic Differences in Use, Skills and Satisfaction", *Journal of Applied Developmental Psychology*, Vol. 29, No. 2, 2008: 118-128; Vekiri, I., "Socioeconomic Differences in Elementary Students' ICT Beliefs and Out-of-School Experiences", *Computers & Education*, Vol. 54, No. 4, 2010: 941-950.

③ Nikken, P., & Jansz, J., "Parental Mediation of Children's Video Game Playing: A Comparison of the Reports by Parents and Children", *Learning, Media and Technology*, Vol. 31, No. 2, 2006: 181-202.

④ 中国网络空间研究院编著《世界互联网发展报告2020》，电子工业出版社，2020，第13页。

⑤ 李晓静：《数字鸿沟的新变：多元使用、内在动机与数字技能——基于豫沪学龄儿童的田野调查》，《现代传播（中国传媒大学学报）》2019年第8期。

师对新技术持有不同的态度，使用新技术的技能和方式也不尽相同，这些差异背后是经济、文化、社会等因素的不同，相比接入沟，这个层面的鸿沟更加难以弥合。目前学者对于中国数字鸿沟的研究集中在两个方面，一是研究数字鸿沟的理论发展和范式转变；二是对特定人群（农民工群体、女性群体等）进行实证研究，分析数字鸿沟在不同群体中的具体体现。现实生活中，智能手机在中国的城市与乡村高度普及，已无明显的城乡差距，但中国城乡家庭在社会、经济和文化等层面差异明显，城乡儿童在数字技能、媒介素养等方面也存在显著鸿沟，这些差异是否会造成城乡家庭的数字区隔？在中国互联网迅速发展的大背景下，我们有必要去思考数字不平等在不同文化背景的社会中有着怎样的具体差异，以及它如何影响儿童的数字成长。这些问题亟待我们去探讨。

基于此，本书立足于人、技术与场景的关系视角，从家庭的微观层面出发，将研究场景具体到鲜活的中国城市与乡村家庭传播实践场景上，以驯化、中介化和场域理论为研究框架，将受教育程度、经济收入、地理区域等因素纳入考虑范围，选择陕西省西安市和海则滩村为田野现场，充分探讨中国城乡家庭手机驯化路径与传播场域重构，分析不同场域中手机如何中介化儿童的成长、影响家庭亲子关系的构建，以及资本与惯习等如何在不同家庭传播情境中作用于家庭场域与媒介实践行为，通过对比研究全方位呈现数字时代家庭场域中父母与儿童的传播行为以及儿童的数字化成长路径。

在研究过程中，本书始终秉持人与手机双方都是传播实践主体的研究立场，既不回避技术的力量，也充分尊重人的主体性；在手机与家庭成员动态的相互影响的关系中，探索不同家庭借由媒介技术相互沟通、协商管理、建立关系的家庭传播实践，以期更好地理解当代中国儿童的数字化成长过程以及城乡家庭亲子关系的中介化重塑。

具体而言，本书探索以下三个层面的问题。第一，中国城乡家庭中智能手机的驯化实践是怎样的？城乡家庭之间在这方面是否存在差异？如果存在，驯化路径的差异与家庭环境的不同之间存在怎样的关系？第二，智能手机在不同家庭被驯化后，它在日常生活中扮演怎样的中介角色？它如何参与儿童的成长以及亲子关系的构建，又如何与家庭成员和环境彼此作用形成不同家庭各自的家庭场域？第三，媒介技术（智能手机）、使用主体（家庭成员）与媒介实践情境（现实家庭）之间的关系如何？不同的社会资本、惯习进入家庭场域后是否会造成中国城乡家庭的数字区隔？

具体而言，本书的内容共包括九章。第一章即绪论部分概括介绍了本书的研究背景、研究问题、研究内容与研究意义。第二章"理论基础与文献综述"详细阐释了本书所用的理论——驯化理论、父母中介理论、场域理论与数字区隔相关理论，具体从媒介技术与家庭场域、媒介技术的家庭驯化实践以及家庭场域重构与数字区隔三个方面详细梳理该领域的研究现状，进一步明确本书的研究立场与方向。第三章"作为田野场域的中国城乡图景：西安市与海则滩村"具体介绍了本书研究的两个田野点西安市与海则滩村的详细情况，并展现了本书研究所使用的深度访谈与非参与式观察两种研究方法，详细介绍了研究参与者的情况，探讨了研究中需要注意的伦理问题。

第四章"中国城乡家庭的手机驯化实践"基于驯化理论对中国城乡家庭的手机驯化实践予以深入分析。作为家庭传播研究的起点，详细呈现手机的家庭驯化路径能让我们对智能手机在家庭中的角色有一个更为清晰和全面的认知。具体而言，这一章从占有、客体化、并入、转化和去驯化五个维度入手展开分析，不仅呈现了中国城乡家庭中父母在手机驯化的过程中存在的实践差异，还在此基础上讨论了经济地位和受教育程度的差异如何影响父母对智能手机的驯化实践。

第五章"新家庭：中国城乡家庭场域的数字化重构"基于场域理论，分析中国城乡家庭的数字场域重构与家庭权力关系的变迁，讨论数字家庭中的权力解构与再分配过程，呈现数字反哺等带来的"新家庭"。第六章"新父母：智能手机中介下的亲子关系"主要探讨智能手机进入家庭生活后，家庭成员如何以手机为中介展开沟通、发展关系，重点关注父母与儿童以手机为中介的交流和互动过程，考察父母如何利用手机协调家庭日常、如何中介孩子的手机使用以及儿童如何应对父母的介入等。此章探讨在原有的积极中介策略、限制中介策略和共同使用策略的基础上是否出现了基于智能手机使用的、新型的父母中介策略，并立足具体的家庭传播实践，探讨究竟是哪些因素影响着父母的中介策略。第七章"新儿童：智能手机高度参与的数字童年"探讨了数字时代儿童的赛博书写，关注了儿童在互联网游戏中的氪金行为。

第八章"中国城乡家庭场域的数字差异与区隔"结合现实情境分析媒介技术、媒介使用者、环境之间的复杂关系，探讨资本与惯习如何造成了中国城乡家庭的数字差异与区隔，分析为什么智能手机在不同的家庭情境中经过差异化的驯化实践后会带来显著的数字差异。最后一章即结语部分梳理了本书的主要发现，通过探讨中国城乡家庭阶层差异与儿童数字化成长之间彼此渗透、相互影响的关系，发现现实生活中的数字区隔。

第二节　从理论到实践：我们如何理解人
与技术的关系

一　从技术社会形成论视角出发，打破积极/消极的技术决定论框架

当一种新技术刚刚出现时，人们对它的判断往往都是从技术决定论的视角出发的。既有研究习惯性地将儿童的媒介使用置于一种积极/消极或有益/有害的评价框架之中，有的研究担忧媒介带给儿童的种种负面影响，有的研究则为媒介技术给儿童成长带来的各种可能而欢呼，简单的二元对立极大地忽略了儿童和媒介固有的复杂性。[1] 无论是强调媒

---

① Qvarsell, B., "Children's Use of Media as Transformed Experience", *Educological and Psychological Dimensions*, Vol. 13, No. 3, 2000: 54-71.

介的积极作用还是批评它的消极效果，其背后都是同一套评价体系，在这套体系中，技术与人的故事具有浓厚的技术决定论色彩，不断重复强调着技术的强大威力。

本书希望摈弃简单的技术决定论，除了关注技术本身，更重视技术使用的具体情境，关注人与技术之间的互动，关注人与技术互动的具体场域，关注每一个技术使用者的复杂性。本书将从技术的社会形成论视角出发去探讨不同家庭场域中家长、儿童与手机之间的互动是如何发生的，这种媒介实践在城市与乡村家庭生活中存在怎样的差异，以及究竟是哪些原因导致了这样的现实差异。

二 从场域理论出发探讨手机、主体与社会之间的三重勾连

德国学者克莱默尔将媒介区分为"工具"（werkzeug）和"装置"（apparat），传统的效果研究聚焦在"工具"和"手段"层面，关注人们如何使用某种媒介。[①] 在手机的驯化研究中，大多研究仅沿袭了"工具"思维，少有研究将手机作为"装置"置于外部社会环境和具体的家庭场域之中[②]，导致多数研究的文章架构和研究结论与以往传统媒介的研究并无太大差别[③]。

本书从场域理论出发，在将智能手机作为"工具"角色的同时思考手机在"装置"层面的意义所在，在具体的家庭场域中考察智能手机的实践方式。具体而言，本书将人与智能手机的互动实践置于中国城乡家庭时空与社会背景的延展和勾连之中，既关注媒介与人的互动，同时也关注惯习和资本等因素如何渗透到中国城乡家庭的具体情境中、如何影响不同家庭的传播实践。

---

① 吴璟薇、曾国华、吴余劲：《人类、技术与媒介主体性——麦克卢汉、基特勒与克莱默尔媒介理论评析》，《全球传媒学刊》2019 年第 1 期。

② Coyne, S. M., Bushman, B. J., & Nathanson, A. I., "Media and the Family: A Note from the Guest Editors", *Family Relations*, Vol. 61, No. 3, 2012: 359-362.

③ Stafford, L., & Hillyer, J. D., "Information and Communication Technologies in Personal Relationships", *Review of Communication*, Vol. 12, No. 4, 2012: 290-312.

三 打破儿童/成人二元对立的研究视角，尊重儿童主体性

在儿童与媒介使用的研究中，孩子往往被认为是无声的、被动的、缺乏知识和能力的[1]，他们需要成年人的引导和管理。基于这样的前提，大量研究探讨"儿童是否应该使用手机""如何减少手机对儿童的伤害"等问题，当我们站在成人的视角提出这些问题时，某种程度上默认了孩子对手机中的信息没有抵抗或辨别能力，只能看到技术给儿童带来的消极影响。

人们对这些表述习以为常，认为事实本应如此。成年人们一遍遍表达着对儿童使用媒介的担忧，他们理所当然地认为孩子需要保护，希望通过"控制"和"隔离"来"保护"儿童，由此，成年人对于儿童媒介消费的贬低便顺理成章[2]，许多研究试图用各种方式指导、规范儿童的媒介使用，给出各种建议、见解甚至是道德评判，浑然不觉这是一种赤裸裸的权力行为。[3]

本书希望改变以成年人为中心的研究视角，尊重儿童作为技术使用主体的独立性，以一种更为平等的视角去了解手机如何有效参与儿童的数字化成长过程，在研究中学会倾听儿童的声音，以期更好地理解新媒介环境下儿童的数字生活。

四 从实践层面出发，理解智能手机参与的儿童成长过程

信息环境及媒介使用经验对儿童的社会化和成长非常重要，它会潜移默化地渗透到儿童的日常生活中，影响到儿童的成长。研究表明，儿童间在认知、情感和社交能力上的鸿沟，在成长初期就会初现端倪，而且一旦定型，终生都很难改变。[4]

---

① Freeman, M., *Researching Children's Experiences* (Guilford Press, 2019), p. 55.
② Davies, H., Buckingham, D., & Kelley., P., "In the Worst Possible Taste: Children, Television and Cultural Value", *European Journal of Cultural Studies*, Vol. 3, No. 1, 2000: 5-25.
③ Castro, I. E., & Clark, J. (eds.), *Representing Agncy in Popular Culture: Children and Youth on Page, Screen, and in Between* (Lexington: Lexington Books, 2018), p. 54.
④ Qvarsell, B., "Children's Use of Media as Transformed Experience", *Educological and Psychological Dimensions*, Vol. 13, No. 3, 2000: 54-71.

现实生活中，媒介参与社会资源的分配，与社会不平等密切相关。随着社会中的经济差距日益扩大，在儿童的成长过程中，"赢家"和"输家"之间的差距将进一步扩大。① 大量研究发现家庭的经济水平和受教育程度明显影响媒介的使用方式和态度。② 低收入家庭习惯于将电视作为日常生活的陪伴者，而高收入家庭则比较警惕电视带来的负面影响。受过高等教育、收入较高的父母数字技能更高，更愿意参与儿童的媒介实践，且不同阶层的父母使用的中介策略也各不相同。③ 经济困难的父母对数字和移动媒介更陌生，他们往往更愿意使用限制性的中介策略。④

在中国，城市和乡村家庭由于经济收入、受教育程度等方面的各种差异，媒介使用习惯和态度各不相同，城乡家庭的媒介生态场域之间有可能横亘着一道新型的数字鸿沟。对于那些没有足够教育资源、经济收入和社会资源，缺乏互联网使用技能的家庭而言，他们很难跨越这道数字鸿沟，无法平等享受数字社会带来的种种利益，无法平等获取各项社会资源，无法平等地参与到数字社会的生活之中。

因此，智能手机如何进入中国城乡家庭、家庭成员如何利用手机开展亲子互动、手机如何参与家庭日常的协商，以及家庭成员与手机如何在家庭场景中"共处"等问题不仅仅是学术研究议题，更关乎每个人的现实生活。

---

① Wilson, K. R., Wallin, J. S., & Reiser, C., "Social Stratification and the Digital Divide", *Social Science Computer Review*, Vol. 21, No. 2, 2003: 133-143.

② Carvalho, J., Francisco, R., & Relvas, A. P., "Family Functioning and Information and Communication Technologies: How Do They Relate? A Literature Review", *Computers in Human Behavior*, Vol. 4, 2015: 99-108; Haddon, L., "Mobile Media and Children", *Mobile Media & Communication*, Vol. 1, No. 1, 2013: 89-95.

③ Valkenburg, P. M., Krcmar, M., Peeters, A. L., & Marseille, N. M., "Developing a Scale to Assess Three Styles of Television Mediation: 'Instructive Mediation', 'Restrictive Mediation', and 'Social Coviewing', *Journal of Broadcasting & Electronic Media*, Vol. 43, No1, 1999: 52-66.

④ Warren, R., "Parental Mediation of Children's Television Viewing in Low-Income Families", *Journal of Communication*, Vol. 55, No. 4, 2005: 847-863.

第二章　理论基础与文献综述

本书以驯化理论、父母中介理论、场域理论与数字区隔的相关理论为理论基础探讨智能手机与儿童成长的关系，希望借由不同理论范式的对话与互动构筑一个更为广阔的研究空间。具体而言，本书从对比研究的视角出发，探讨城乡之间阶层、资本与惯习的区隔是否会对手机驯化实践与家庭场域重构造成影响。父母中介理论、场域理论和驯化理论都强调对行动主体、环境、技术三者之间关系的探讨，有着高度一致的底层逻辑，为考察儿童的数字化成长提供了极具阐释力的理论基础和更广的分析视角。

第一节　媒介技术与人类社会的关系：理论转向

信息通信技术（information and communication technologies，ICTs）也叫媒介技术，其与人类社会之间的关系非常复杂。如何理解 ICTs 与人类社会之间的关系一直是传播学者关注的核心议题。面对不断更新迭代的"新媒介"，传播学者们持续不断地关注着一个又一个的"新媒介"，并试图理解纷繁复杂的传播现象背后媒介技术与人类社会真正的关系。

一　单向归因：技术与社会之间的"决定"与"被决定"

在由技术主导的人类历史书写中，ICTs 被视为承担既定社会功能的"工具形式",是社会变革的决定因素。[①] 麦克卢汉则认为:"每一种技术都会立即对人的交往模式、感知模式和教育模式进行重组,实际上造就了一种新环境。"[②]

在不同技术造就的新环境中,媒介技术是决定社会形态的主要因素,不同媒介代表着不同的社会形态。口语时期,口耳相传是人与人交流的唯一方式,人与人之间相互依赖,形成一个相对封闭的、部落化的社会。在欧洲,印刷术的应用使得中世纪形成的集体社会被摧毁,个体的现代意识逐渐觉醒。当塞缪尔·F. B. 莫尔斯将电用于通信,空间的隔阂被彻底消除,人类进入一个"住满陌生人的拥挤社区;一个破碎而断裂的世界"[③]。而电视一手塑造了一个"除了娱乐业没有其他行业"的美丽新世界,像"神话"一样潜移默化地进入我们的脑海。从此,人类沦为娱乐至死的存在。[④]

今天,无处不在的手机构建了一个随时连接的社会,生活在其中的人们无处遁形。[⑤] 从口耳相传到声电传输,从印刷机到手机,在技术决定论色彩鲜明的书写中,我们看到媒介作为改变社会的工具,影响着、决定着社会的形态。在强大的技术面前,人的主体性几近消失,整个世界的运行如英尼斯所说由"传播"维持着。

媒介技术的强影响不可避免地带来人类对新技术的恐慌,面对文字的诞生,苏格拉底大声哀叹文字一手摧毁了口语时代的文明,指责书面文字会使人不再记忆、不再思考,使人类"听闻许多事情却毫不受益,他们会看起来无所不知,其实却一无所知"。[⑥] 今天,我们生活在技术高度嵌入的当代社会,时常会陷入技术带来的焦虑之中。于是,人们开

---

① Morley, D., & Silverstone, R., "Domestic Communication—Technologies and Meanings", *Media*, *Culture & Society*, Vol. 12, No. 1, 1990: 31-55.

② 〔加〕马歇尔·麦克卢汉:《理解媒介——论人的延伸》,何道宽译,商务印书馆,2000,第103页。

③ 〔美〕尼尔·波兹曼:《娱乐至死》,章艳译,广西师范大学出版社,2011,第36页。

④ 〔美〕尼尔·波兹曼:《娱乐至死》,章艳译,广西师范大学出版社,2011,第79页。

⑤ Levy, S., *In the Plex: How Google Thinks, Works, and Shapes Our Lives* (Simon & Schuster, 2021), p. 49.

⑥ 〔美〕尼尔·波兹曼:《娱乐至死》,章艳译,广西师范大学出版社,2011,第72页。

始尝试摆脱技术对人的影响甚至控制，寄希望于社会制度，希望通过制度化的方式去抵抗技术带来的影响，但是，这样的尝试往往收效甚微。究其原因，非常重要的一点是这种抵抗从一开始就站在了技术/社会二元对立的叙事结构之中。在此框架中，人与技术的关系被简化为技术对人的影响，人的主体性被消解，社会关系和文化语境被忽略，剩下的只有无比强大的技术。

当然，单向的决定论不仅包括技术决定论，还包括另一个极端——社会建构论。前者强调技术的力量，但忽略了技术会受到社会关系和文化因素的影响。后者凸显人的主体性与社会结构的制约性，强调社会关系对技术的建构作用，从社会整体结构出发解释社会现象，却有意无意地遮蔽了技术本身的价值。

技术决定论与社会建构论看似立场完全不同，但底层逻辑同属线性思维，都将技术与人视为二元对立的存在，导致其研究路径无法契合当下的媒介环境，最后只能陷入关于究竟谁决定谁的无休争论之中。毋庸置疑，媒介技术与人类在我们的社会中都发挥着重要的作用，但它们之间不是"决定"与"被决定"的关系，我们不能对它们做简单的线性归因。

长期以来，社会科学领域的学者们都在致力于打破这种二元对立的思维框架。正如库恩所说，新范式的提出建立在对旧范式不满的基础之上。当旧范式的适用性越来越弱的时候，一种新的范式就呼之欲出了。20世纪80年代，吉登斯、布尔迪厄等一批理论家开始强调媒介技术与人类的双向互动，他们反对技术决定论中对技术的夸大，也反对社会建构论中对人的过分凸显，而是使技术与人类之间的关系超越了决定与被决定的固有框架，转向一种更为复杂的互动关系，这为我们理解今天的媒介社会提供了更为多元的讨论空间。

二　双向奔赴：关系视角下的动态场域共生

技术决定论将技术置于人类历史发展的进程中，强调媒介技术对人类生活的重要影响甚至是决定意义，但是，技术不是万能的。正如英国文化研究学者雷蒙·威廉斯①所说，技术只是提供初始意向，应该看到政治制度、经济活动、社会文化、人们的使用意向等对传播实践产生的影响。越来越多的传播学者认识到技术与人类社会之间关系的复杂性，对该领域的研究逐渐从"工具"立场向"关系"立场转变，从而将媒介技术与人类社会关系的研究引入一个更为开阔的领域。

那么，这里的"关系"指的是什么呢？它不是人类使用媒介获取哪些信息，不是媒介技术带给人类社会怎样的影响，也不是简单指二者之间的因果关系。这里的"关系"是一个动态的系统，是媒介技术与人类社会之间持续互动的深刻过程，是二者彼此互构的共生"场域"。在这里，媒介技术与人类社会不是两个彼此割裂的独立主体，而是彼此缠绕，无法分割。人类生活在媒介无处不在的社会，同时，媒介高度内化于人类社会之中，它们共同形成了社会文化肌理，成为我们所呼吸的空气。②

站在"关系"视角去思考媒介技术与人类社会，我们需要打破主体/客体、技术/社会的二元划分，将人与技术共同放置在具体的社会情境中，重点考察媒介技术与人类社会互动的社会属性以及二者在不断互动过程中形成的某种"关系"。

三 交织与互构：媒介技术、行动者与场景空间的连接

媒介技术、场景空间、行动者三者之间不是割裂的，也不是只有简单的互动（interaction），而是存在不同主体相互之间深入的"内在互动"（intra-action），三者通过内在勾连与互动构建了一个三者动态渗透、相互缠绕、彼此影响的共生场域。

为了厘清人类社会与媒介技术的复杂互动关系，研究者要始终站在相互勾连的"关系"之中，将研究置于人与媒介彼此互动的整体"场

---

① 〔英〕雷蒙·威廉斯：《文化与社会：1780-1950》，高晓玲译，吉林出版集团有限责任公司，2011，第89页。

② Hepp, A., Hjarvard, S., & Lundby, K., "Mediatization-Empirical Perspectives: An Introduction to a Special Issue", *Communications*, Vol. 35, No. 3, 2010: 103.

域"之中，脱离了整体的"场域"和具体的"关系"，就很容易夸大媒介效果或片面强调人的主动性，从而重新回到技术决定论或社会建构论的传统研究框架之中。媒介与传播中出现的一切事物都"纠缠"在一起，并且在"纠缠"中，媒介与传播中其他能动实体都在发生改变。① 对这样一个复杂的、动态的共生场域，我们需要保持持续的关注。

唐·伊德②说，技术不是"像对象一样的东西"，而是会"融入"人的实践经验之中，它会影响环境中的行为，或者作用于环境本身，以技术为中介，人与世界形成了具身的关系。在人类与智能手机关系愈发紧密的时代，家庭生活已被高度中介化，中介化成为家庭传播研究的一个新范式。本书将智能手机视为高度渗透到家庭生活之中的媒介物而非简单的使用对象，在中国城乡家庭的具体情境中去考察智能手机作为一个能动的介入者如何中介人的家庭媒介使用与日常生活，或者说，智能手机作为生成性的工具，如何影响其所中介的东西，如何参与人与人、人与家庭的关系建构，或如何促使已有的"关系"转变为另一种新的"关系"。

第二节　媒介与儿童

在大众传播研究的历史中，媒介与儿童的关系一直是传播学者研究的重点，本节从"媒介—儿童"和"儿童—媒介"两个不同的立场出发，梳理了传播学领域对媒介与儿童关系进行研究的两个不同视角：效果研究和媒介使用研究。

一　媒介—儿童：效果研究

在效果研究路径下，学者们普遍承认媒介技术的强大，认为媒介

① 徐生权：《媒介会甘于做一个信使么？——论媒介的"纠缠"与"衍射"》，《国际新闻界》2021年第11期。

② 〔美〕唐·伊德：《技术与生活世界——从伊甸园到尘世》，韩连庆译，北京大学出版社，2012，第53页。

内容会对儿童产生显著的作用。传播学领域对儿童与媒介关系的最早研究可追溯到 20 世纪 30 年代，在美国佩恩基金会的资助下，一批学者围绕电影对儿童的影响展开了调查，研究发现电影会对儿童的态度和行为产生重大影响。这一系列研究与当时风行的"魔弹论"不谋而合，认为儿童无法抵抗媒介的强大力量，尤其容易受到媒介的负面影响。

20 世纪 50 年代，电视开始在美国家庭中普及并深受儿童的喜欢，学者们纷纷关注电视进入家庭后究竟为儿童带来了怎样的影响，尤其关注暴力、色情等传播内容对儿童产生的危害。最为著名的是 1958 年施拉姆以北美儿童为研究对象的电视效果研究。研究发现，当时北美"有孩子的家庭购买电视机的可能性是别的家庭的两倍。电视成为孩子们最大的并且是最重要的娱乐来源"。电视打开了通往成人生活后台的视窗，家长对儿童接触的信息环境逐渐失去控制。①

电视中充斥着大量色情、暴力的内容②，就像一扇敞开的大门将各种内容一览无余地展现在家庭成员面前，打破了儿童世界与成人世界的区隔，由此造成了尼尔·波兹曼所说的童年的"消逝"。大量实证研究尝试去分析电视中的暴力内容如何导致了儿童的暴力行为或者造成了整个社会的道德滑坡等。③ 相比之下，中国传播学界对电视与儿童的相关研究起步较晚。20 世纪 80 年代，随着电视机在中国家庭的逐渐普及，学者们才开始关注电视媒介给儿童身心健康带来的种种影响。学者卜卫④研究了各种类型的媒介对儿童产生的不同影响，发现儿童接触印刷媒介对儿童社会化、观念现代化有积极影响；相反，儿童接触电子媒介

---

① 〔美〕约书亚·梅罗维茨：《消失的地域：电子媒介对社会行为的影响》，肖志军译，清华大学出版社，2002，第 117 页。

② Cunningham, S., Dezuanni, M., Goldsmith, B., Burns, M., Miles, P., Henkel, C., Ryan, M., & Murphy, K., "Screen Content in Australian Education: Digital Promise and Pitfalls", *Communications*, Vol. 35, No. 3, 2010: 223-228.

③ Koskela, H., "Webcams, TV Shows and Mobile Phones: Empowering Exhibitionism", *Surveillance & Society*, Vol. 2, No. 2/3, 2004: 199-215.

④ 卜卫：《电子媒介和印刷媒介对儿童社会化、观念现代化的不同作用》，《现代传播》1991 年第 4 期。

对儿童社会化和观念现代化没有积极影响。

进入互联网时代，移动在线技术为儿童带来了更为多元的信息和娱乐休闲方式，但同时也增加了儿童遭遇网络霸凌，接触色情、暴力内容的概率，这成为家长和全社会关心的问题。[①] 在中国，良莠不齐的媒介内容仍旧是当今社会关注的重要现实话题，学者们也对新媒介技术带来的负面影响充满担忧。研究表明，短视频的内容会强化儿童认知的偏差，一些儿童会不自觉地通过模仿短视频来重构自我、获得关注、宣泄权力欲望等，从而导致现实社会中的行为失范。尤其是大量城镇化留守儿童（长期进城就学而缺乏父母照顾的农村儿童）的时间被土味短视频占用，他们日复一日地沉浸在媒介所建构的色情暴力环境中。[②] 从中国到全球，无论媒介技术如何改变，学界对媒介内容尤其是面向儿童的媒介内容都保持着高度的关注。

以效果研究为导向的已有文献大多考察媒介传播的"内容"对儿童的影响[③]，其研究结果不外乎两类：一类是讴歌不断出现的新技术给家庭带来的各种积极影响，另一类则指责媒介中存在的不恰当内容并对其带来的负面影响表示深深的担忧。作为一个研究领域，关于媒介效果的讨论仅仅停留在媒介内容的优劣或传播效果的好坏上是远远不够的。

二 儿童—媒介：媒介使用研究

随着电视等媒介技术工具在家庭中的普及和大众传播理论的不断发展，学者们开始意识到儿童不是完全被动的受众，儿童会根据自己的需求去选择和使用媒介。1982 年美国的《电视与行为报告》指出，电视究竟是儿童的一个电子玩具，还是一个不可思议的教育者，取决于儿童

---

① Livingstone, S., & Haddon, L., *Children, Risk and Safety on the Internet: Research and Policy Challenges in Comparative Perspective* (Bristol, UK: Policy Press, 2012), p. 78.

② 张蕊:《交互涵化效应下土味短视频对城镇化留守儿童的影响》，《现代传播（中国传媒大学学报）》2019 年第 5 期。

③ Fitchard, K., "The Future of Mobile Networks: Beyond 4G", http://www.businessweek.com/articles/2012-12-19/the-future-of-mobile-networks-beyond.

对电视的使用行为以及家长的态度。[①] 循此路径，学者们开始关注"儿童如何使用媒介"这一问题，以及与此相关的儿童媒介素养、媒介赋权等话题。

在儿童使用媒介的相关研究中，学者们通过实证调查对儿童使用媒介的频次、内容、时长、习惯等做了大量的考察。研究发现，电视进入家庭以后，儿童会调整作息时间，以便能准时收看自己喜欢的节目。[②] 小学生最常观看的电视节目中，排在前三位的分别是"动画片、少儿节目"、"电视剧"和"综艺娱乐节目"；在计算机的使用上，排在前两位的是"网络游戏"和"聊天"。[③] 进入数字时代，智能手机成为儿童频繁使用的媒介。2010 年，一项关于上海市少年儿童的媒介接触和使用状况的调查显示，上海少年儿童接触网络的时间比接触传统媒介的时间长，约半数上海少年儿童拥有手机，他们使用手机主要是将其作为实用通信工具，拨打、接听电话和收发短信。[④]

儿童的媒介使用行为不是一成不变的，随着自身的成长与外部环境的变化，他们使用媒介的诉求和行为都会发生改变。因此，许多研究关注影响儿童媒介使用的因素，讨论性别、年龄、家庭环境、社会地位、人际关系等因素如何影响儿童对媒介的诉求和使用。也有研究关注儿童在媒介使用过程中存在的问题，进而提出相应的对策，以期提升儿童的媒介素养等。

无论是效果研究还是媒介使用研究，其遵从的都是传统的"媒介-受众"研究范式，探讨的依旧是媒介内容本身或人对媒介的使用行为，

---

① Huston, A. C., & Wright, J. C., "Television and the Informational and Educational Needs of Children", *The Annals of the American Academy of Political and Social Science*, Vol. 557, No. 1, 1998: 9–23.

② Carlson, M., & England, P., "Social Class and Family Patterns in the United States", in *Social Class and Changing Families in an Unequal America* (Palo Alto: Stanford University Press, 2011), p. 20.

③ 王倩、李昕言:《儿童媒介接触与使用中的家庭因素研究》,《当代传播》2012 年第2 期。

④ 江林新、廖圣清、张星、申琦:《上海市少年儿童媒介接触和使用——二〇一〇年调查报告摘要》,《新闻记者》2010 年第 9 期。

关注点集中在儿童对媒介的使用情况、媒介对儿童产生的影响等上。这类研究忽略了媒介本身，也没有将媒介实践这一动态变化的过程与儿童的成长以及具体社会场域结合在一起。它没有看到媒介技术与家庭之间千丝万缕的联系，媒介自身的特质及媒介与家庭的复杂关系被遮蔽，因此这类研究无法回答媒介、家庭以及人之间的关系究竟如何的问题，更无法呈现智能手机中介下家庭媒介场域与亲子关系重塑的现状。

今天，"社会生活已经完全被媒介所'浸透'（permeated）"①，媒介不再只是一个工具或影响儿童成长的一个"要素"，它与家庭环境、文化背景等紧密联系，共同参与、影响着儿童的数字化成长。我们应该将媒介和媒介实践置于具体的社会情境中，探索不同场域中儿童与媒介之间形成的特有关系。正如黄旦所说："应将媒介确定为传播学研究的重要入射角，这不仅仅是为了纠正传播研究重内容、重效果而忽视媒介的偏向，更重要的是，我们认为从媒介入手最能抓住传播研究的根本，显示其独有的光彩。"② 因此，在本书中，我们要回归到媒介本身以及与此相勾连的关系之中，关注智能手机与人和环境的连接，并在各方彼此勾连的环境中去理解手机、理解人类、理解它们彼此间的关系。

第三节　驯化理论

驯化理论起源于 20 世纪 90 年代的英国，传统意义上的驯化指的是野生动物的驯服，Silverstone 与 Haddon 在 1996 年③、Silverstone 在 2003 年④借用驯化的隐喻来讨论技术产品（电视等）经过消费进入家庭并成

---

① Hjarvard, S., "Mediatization of Society: A Theory of the Media as Agents of Social and Cultural Change", *Nordicom Review*, Vol. 18, No. 3, 2008: 105.

② 黄旦：《听音闻道识媒介——写在"媒介道说"译丛出版之际》，《新闻记者》2019 年第 9 期。

③ Silverstone, R., & Haddon, L., "Design and the Domestication of Information and Communication Technologies: Technical Change and Everyday Life", in Marshell, R., & Silverstone, R. (eds.), *Communication by Design: The Politics of Information and Communication Technologies* (Oxford: Oxford University Press, 1996), p. 24.

④ Silverstone, R., *Television and Everyday Life* (London: Routledge, 2003), p. 69.

为日常家庭生活重要组成部分的过程。

智能手机在家庭环境中的驯化是一个复杂的、流动的、双向的实践过程。一方面，智能手机作为一个新媒介，不断创造新的"野生"技术，改变了亲子关系和家庭环境，带来了全新的互动模式和家庭文化，为家庭生活带来了更多的可能性。另一方面，驯化理论关注我们如何驯服一个"野性"的外部客体，并将其纳入我们的家庭生活。

一　驯化理论：媒介技术如何进入、参与、重构家庭生活？

驯化理论关注媒介技术如何在被使用的过程中发挥媒介功能、形塑人们的生活[①]，强调对媒介技术、行动者与场景空间三者关系的综合考察。它用一种动态的、迭代的方法来检验媒介技术在日常生活中的实践路径和象征意义，通过考察技术在家庭关系、仪式和惯例中的位置，分析用户如何通过每天与技术的接触、驯化实践发生的具体场景来构建他们的技术使用方式。[②]

驯化理论关注的是媒介技术如何进入、参与以及重构家庭生活，这恰恰回答了我们讨论中介化家庭生活时面临的问题：媒介技术最初是如何进入家庭的？它如何被家庭成员纳入日常家庭生活之中？同时，它又如何介入、影响家庭成员的互动关系和生活方式？驯化理论为探索这一系列问题提供了一个重要的理论框架，是我们研究媒介技术如何进入日常生活的重要工具。只有明确了媒介技术的家庭驯化路径，才能更好地理解媒介技术在家庭生活中的角色。

驯化理论将人类与媒介技术的互动置于不同情境中去考察，强调在媒介实践中去理解人与技术关系的多样性，它提供了一个契机，让我们

---

① 师文、陈昌凤：《平台算法的"主流化"偏向与"个性化"特质研究——基于计算实验的算法审计》，《新闻记者》2023 年第 11 期。

② Silverstone, R., & Haddon, L., "Design and the Domestication of Information and Communication Technologies: Technical Change and Everyday Life", in Marshell, R., & Silverstone, R. (eds.), *Communication by Design: The Politics of Information and Communication Technologies* (Oxford: Oxford University Press, 1996), p.31.

在具体的情境中去理解媒介技术如何在人们的生活中发挥作用。它在描述 ICTs 成为用户生活重要组成部分的过程时提供了一个驯化框架①，有着具体而清晰的研究脉络。Silverstone②、Livingstone③ 以及 Brause 和 Blank④ 等许多学者都曾提到，驯化理论非常适合用于分析、描述和解释各种媒介技术的使用，为我们讨论媒介技术和人之间的关系提供了一个很好的视角，与本书关注的内容非常契合。

驯化研究强调技术在不同语境中被采用和使用的详细过程，它既关注技术本身，也关注用户的主动性与使用情境，不同的社会文化、媒介生态和使用模式下会通过实践产生不同的驯化模式。目前，驯化研究大多关注西方国家，缺乏对非西方语境的研究。⑤ 本书希望在考察中国城乡家庭对智能手机的驯化过程的基础上，继续探讨城乡家庭之间是否存在场域的区隔，以及这种区隔是否会参与儿童的成长过程并带来新的数字区隔。

二 媒介技术的家庭驯化实践

驯化理论重视媒介技术使用的语境（主要是家庭环境），强调环境的多样性和复杂性，它既关注技术本身，也关注用户的主动性与使用情境。早期驯化理论研究的重点是电视在家庭中的使用⑥，探讨电视与亲

① Silverstone, R., Hirsch, E., & Morley, D., "Listening to a Long Conversation: An Ethnographic Approach to the Study of Information and Communication Technologies in the Home", *Cultural Studies*, Vol. 5, No. 2, 1991: 204-227.

② Silverstone, R., *Television and Everyday Life* (London: Routledge, 2003), p. 114.

③ Livingstone, S., "Children's Use of the Internet: Reflections on the Emerging Research Agenda", *New Media & Society*, Vol. 5, No. 2, 2003: 147-166.

④ Brause, S. R., & Blank, G., "Externalized Domestication: Smart Speaker Assistants, Networks and Domestication Theory", *Information, Communication & Society*, Vol. 23, No. 5, 2020: 751-763.

⑤ Huang, Y., & Miao, W., "Re-Domesticating Social Media When It Becomes Disruptive: Evidence from China's 'Super App' WeChat", *Mobile Media & Communication*, Vol. 9, No. 2, 2021: 177-194.

⑥ Haddon, L., & Silverstone, R., Lone Parents and Their Information and Communication Technologies (University of Sussex, Science Policy Research Unit, 1995), pp. 54-61.

子沟通①、性别角色②之间的关系。Livingstone③ 在研究家庭如何使用媒介技术时，重点分析了个人经济地位及家庭生活经验对媒介实践行为和模式的影响。Haddon 和 Silverstone④ 在研究家用计算机时，详细阐述了个人和家庭的社会地位如何影响家庭成员对计算机的接纳和抵制。Bakardjieva⑤ 使用驯化理论探讨了家庭互联网的使用，分析了家庭与社会环境间相互动态影响的关系。

当新媒介技术成为日常生活的有机组成部分时，驯化理论的关注对象从电视拓展到计算机、手机等移动设备以及各种互联网技术和应用，关注领域亦不局限在家庭环境中。Wellman 和 Haythornthwaite⑥ 的研究详细记录了家庭成员如何使用手机短信和电子邮件让家人在空间分离的情况下保持全天候联系。Horst 等人⑦探讨了家庭成员如何协商、调节计算机和电视的使用时间；Mascheroni 和 Ólafsson⑧ 通过研究发现手机的使用可以帮助缓解家庭气氛，加强家庭互动。Lim 等人⑨则将手机使用、

① Silverstone, R., & Haddon, L., "Design and the Domestication of Information and Communication Technologies: Technical Change and Everyday Life", in Mansell, R., & Silverstone, R. (eds.), *Communication by Design: The Politics of Information and Communication Technologies* (Oxford: Oxford University Press, 1996).

② Frissen, V. A., "ICTs in the Rush Hour of Life", *The Information Society*, Vol. 16, No. 1, 2000: 65–75.

③ Livingstone, S., "The Meaning of Domestic Technologies", in Silverstone, R., & Hirsch, E. (eds.), *Consuming Technologies: Media and Information in Domestic Spaces* (London: Routledge, 1992), pp. 113–130.

④ Haddon, L., & Silverstone, R., Lone Parents and Their Information and Communication Technologies (University of Sussex, Science Policy Research Unit, 1995), pp. 54–61.

⑤ Bakardjieva, M., "The Internet in Everyday Life: Exploring the Tenets and Contributions of Diverse Approaches", in Consalvo, M., & Ess, C. (eds.), *The Handbook of Internet Studies* (Oxford: Blackwell, 2011), pp. 59–82.

⑥ Wellman, B., & Haythornthwaite, C. (eds.), *The Internet in Everyday Life* (John Wiley & Sons, 2008), pp. 23–41.

⑦ Horst, H., Kant, R., & Drugunalevu, E., "Smartphones and Parenting in Fiji: Regulation and Responsibility", *Parenting for a Digital Future*, Vol. 12, No. 3, 2020: 11–23.

⑧ Mascheroni, G., & Ólafsson, K., *Net Children Go Mobile: Risks and Opportunities* (Milano: Educatt, 2014).

⑨ Lim, S. S., Pham, B., & Cheong, K., "At the Crossroads of Change: New Media and Migration in Asia", in Hjorth, L., & Khoo, O. (eds.), *Routledge Handbook of New Media in Asia* (London: Routledge, 2015), pp. 241–250.

家庭阶层以及更宏观的社会经济文化因素联系起来，详细分析了中国中产阶级家庭利用手机加强家庭互动、寻求向上流动并得到社会认可的过程。Lim[1] 的研究则详细讨论了 ICTs（电视、计算机、移动电话等）如何通过技术驯化成为家庭生活的一部分。

驯化理论将 ICTs 进入家庭的过程概念化为四个阶段：占有（appropriation）、客体化（objectification）、并入（incorporation）、转化（conversion）。具体而言，"占有"是指媒介技术作为商品被购买、被赋予意义的过程，它关注个人或家庭如何获得媒介技术产品以及用户对媒介技术产品赋予何种技术想象和意义。正如 Miller[2] 所言，一个媒介——一个实物或一种技术，在被个人或家庭购买并拥有的那一刻即被占有，它通过被占有获得意义。人们购买一个媒介技术产品后，它不仅作为一个消费商品进入了家庭，而且还携带了复杂的媒介技术属性和不同的预期与期待。它一方面是为了满足某种个人需要或情境需要，另一方面又明显受到家庭中的父母对该技术产品态度的影响。媒介技术的"客体化"指的是媒介技术进入家庭后被嵌入家庭生活物理的和社会的空间之中，以及用户通过在家里放置和展示媒介技术产品来表达品味和价值观的过程。在客体化阶段，媒介在家里寻找属于它的物理位置的过程通常与家庭地位和家庭权力关系有关。用户希望通过在家庭环境中展示和使用媒介技术产品的方式，为技术打上自己的烙印。"并入"关注媒介技术如何融入日常生活中的时间安排，它考察媒介技术在日常时间结构中的使用以及以媒介技术为中介的人与社会的关系，强调媒介技术真正融入日常生活中的时间安排。媒介技术的"转化"探讨的是已经驯化好的媒介技术重新进入公共领域的过程。除了这四个阶段之外，在数字媒介时代，当各类媒介技术深度参与每个人的日常生活时，人们开始抵抗、隔离无处不

① Lim, S. S., "Technology Domestication in the Asian Homestead: Comparing the Experiences of Middle Class Families in China and South Korea", *East Asian Science, Technology and Society: An International Journal*, Vol. 2, No. 2, 2008: 189-209.

② Miller, S. M., "Monitoring and Blunting: Validation of a Questionnaire to Assess Styles of Information Seeking under Threat", *Journal of Personality and Social Psychology*, Vol. 52, No. 2, 1987: 345.

在的技术，有意或无意地对技术进行"去驯化"（de-domestication）。

通过对媒介技术家庭驯化实践过程的追溯，发现大量实证研究详细呈现了这些"陌生的"技术如何经过家庭训练而嵌入用户家庭环境或更复杂的实践活动之中。[①] 为了更好地呈现驯化理论在不同媒介时期的研究状况，我们分别梳理了媒介技术的占有、客体化、并入、转化和去驯化等五个具体方面的研究成果。

（一）占有

今天，智能手机在我们的日常生活中非常普遍，中国城乡的大多数家庭中都能看到智能手机的身影。那么，家庭成员为什么会购买智能手机？他们出于什么样的原因去购买智能手机？他们对智能手机有何期待和想象？

已有研究表明，父母在决定是否为儿童购买计算机等 ICT[②] 产品时，往往考虑的是该产品在家庭中所扮演的角色。[③] Plowman 等学者[④]的研究发现，大多家庭购买计算机是出于教育的目的，希望计算机能作为学校的延伸，在孩子的家庭学习中发挥作用。

在手机刚进入中国市场的时候，其作为商品的属性更为突出，多数家庭在购买手机时首要考虑的因素是价格、品牌等。Lim[⑤] 在研究中提到，移动电话最初进入上海的时候，"使用手机的阶层"（mobile-phone-using stratum）等同于经济地位高的人，拥有某些品牌的手机成为彰显个人身份、区分社会阶层的重要标志。随着智能手机的普及，其是否还

① Haddon, L., "Mobile Media and Children", *Mobile Media & Communication*, Vol. 1, No. 1, 2013: 89–95.

② ICT（information and communications technology）是一个总括性的概念，包括所有信息通信技术；前文提到的 ICTs 则强调不同类型的信息通信技术。

③ Kaur, A., & Medury, Y., "Impact of the Internet on Teenagers' Influence on Family Purchases", *Young Consumers*, Vol. 12, No. 1, 2011: 27–38.

④ Plowman, L., Stevenson, O., McPake, J., Stephen, C., & Adey, C., "Parents, Pre-Schoolers and Learning with Technology at Home: Some Implications for Policy", *Journal of Computer Assisted Learning*, Vol. 27, No. 2, 2011: 361–371.

⑤ Lim, S. S., "Technology Domestication in the Asian Homestead: Comparing the Experiences of Middle Class Families in China and South Korea", *East Asian Science, Technology and Society: An International Journal*, Vol. 2, No. 2, 2008: 189–209.

能作为身份象征的符号？人们在购买手机时更多是出于实际使用需求还是将其作为符号消费？

在 ICT 的占有阶段，虽然智能手机在现代家庭中非常普及，但是当父母准备给孩子买一台手机时，依旧会展开家庭讨论，尤其是会强调该产品的功能。① 当父母决定购买 ICT 产品时，他们争论的重点通常不是经济因素，而是双方对于媒介技术在他们生活中所发挥作用的期望与想象的差异。关于这一点，Kaur 和 Medury② 在印度进行了一项研究，结果显示，那些认为 ICT 能提高儿童学习成绩的父母，更愿意购买 ICT 产品，他们将 ICT 的使用与孩子未来的成功联系在一起，赋予它更高的期望。

在购买 ICT 产品的过程中，家庭内部的沟通往往是有规则和等级关系的，一方面，儿童经常被认为是需要服从父母权威的；另一方面，父亲和母亲也存在角色差异。当涉及 ICT 的获取时，传统的家庭角色结构仍然存在，父亲通常扮演着管教者和决策者的角色。③ 在韩国，在做出购买电视、计算机等电子产品和汽车等消费品的决策时，男性仍然占主导地位。在中国，许多母亲虽然意识到 ICT 在家里的价值，但是购买此类设备时，她们往往不具有话语权。④

了解智能手机作为一个技术物最初如何进入家庭是我们研究手机如何被驯化、融入日常家庭中的第一步。在这个层面，我们需要关注家庭成员之间的关系和互动方式，考察传统的家庭等级制度是否在做出购买决定的过程中发挥作用，进而在具体的情境中理解父母为儿童购买手机的动机以及他们对于手机技术的想象。

---

① Haddon, L., "Mobile Media and Children", *Mobile Media & Communication*, Vol. 1, No. 1, 2013: 89-95.

② Kaur, A., & Medury, Y., "Impact of Familial Characteristics on Indian Children's Influence in Family Purchases", *International Journal of Indian Culture and Business Management*, Vol. 4, No. 1, 2011: 104-122.

③ Lim, S. S., & Tan, Y. L., "Parental Control of New Media in Singapore", *Australian Journal of Communication*, Vol. 31, No. 1, 2004: 57-74.

④ Lim, S. S., "Technology Domestication in the Asian Homestead: Comparing the Experiences of Middle Class Families in China and South Korea", *East Asian Science, Technology and Society: An International Journal*, Vol. 2, No. 2, 2008: 189-209.

（二）客体化

早期的客体化研究关注电视进入家庭后如何被嵌入家庭空间。电视在进入家庭之初被放置在家庭最重要的公共空间——客厅，在大多数中国家庭里，以电视为中心配置了电视柜、电视墙等装置，共同构成了客厅这个公共空间，电视成为家庭公共生活的中心。David Morley 和 Hermione Lovel[①] 在对电视的研究中详细论述了电视进入家庭后对家庭空间的拓展，他们将家庭围绕电视开展的活动比喻为"客厅的战争"（living room wars）。随着电视技术的发展和电视价格的下降，电视逐渐从客厅进入卧室，这带来的不仅仅是家庭物理空间的变化，更是家庭地位和权力关系的改变。[②]

当智能手机进入家庭后，它打破了时间和空间的限制，进入书房、卧室等更私密的空间，客厅消失了。手机使得家人之间彼此区隔，家庭关系受到影响，家庭空间也随之被重新配置。[③] 往日一家人围坐炉火旁看电视的时光已难觅踪影，一家人各自拿着手机成为当今家庭中最常见的情景。舒尔茨所描述的那种"生机勃勃的在场"（the vivid present）几近消失，取而代之的是一种"在场的缺席"。[④]

当然，本书中的空间不简单等同于物理空间，它在当代家庭中有着更为丰富的含义。它不仅仅指手机作为技术物在家庭物理空间中的位置，即手机被放在哪个实体空间、我们在哪些实体空间使用手机，还关乎智能手机作为中介如何构建家庭的虚拟空间与社会空间、如何找到恰

① Morley, D., & Lovel, H., *My Name Is Today: An Illustrated Discussion of Child Health, Society and Poverty in Less Developed Countries* (London: Macmillan, 1986).

② Silverstone, R., & Haddon, L., "Design and the Domestication of Information and Communication Technologies: Technical Change and Everyday Life", in Marshell, R., & Silverstone, R. (eds.), *Communication by Design: The Politics of Information and Communication Technologies* (Oxford: Oxford University Press, 1996), p. 31.

③ Fibæk Bertel, T., & Ling, R., "It's Just Not That Exciting Anymore: The Changing Centrality of SMS in the Everyday Lives of Young Danes", *New Media & Society*, Vol. 18, No. 7, 2016: 1293-1309.

④ Schutz, A., *The Structures of the Life-World* (Vol. 1) (Chicago: Nort-hwestern University Press, 1973), p. 64.

当的位置与日常家庭生活惯例相结合。同时，空间背后是家庭权力博弈的结果，一方面，儿童希望利用手机创造一种独立于父母监控的个人空间；另一方面，父母通过限制儿童手机使用的地点和时间等，介入儿童的数字成长。①

　　空间作为一个社会学概念，很早就进入了传播学的研究领域之中。回溯媒介技术的发展历程，不难发现各类媒介技术在不断拓宽、突破，甚至重新定义着人类交流的时空边界。早期的空间概念指的是物理空间，在口语传播时代，受到物理空间的限制，人们只能与同处一地的其他人相互交流，物理空间是影响信息传播的关键因素。公元前 3200 年左右，美索不达米亚平原上出现了简单的文字符号并逐渐发展出人类最早的文字——楔形文字，这意味着人类的交流第一次打破了时间和空间的限制，身处不同时空的人通过文字这一媒介符号实现了沟通；印刷机发明后，人类跨越时空的交流变得更加高效，刘易斯·芒福德感慨："印刷书籍比任何其他方式都更有效地把人们从现时现地的统治中解放出来。"②

　　随着媒介技术的不断发展，人类交流的时空限制逐渐被打破，空间的概念也在最初的物理空间之外有了更丰富的含义。当电话进入家庭，家庭成员异地、同步的交流变得可能；随着广播、电视等电子媒介的普及，远方的信息大量进入每个人的具体生活之中，人们开始了解一个以往从未到达的世界。今天，手机在社会公共和私人领域畅通无阻地穿行，成为几个世纪以来最引人注目的媒介物。它包罗万象且唾手可得，它无限地拓展了我们交流的时间与空间，它悄无声息地进入我们的生活，并将这个世界与我们自己的生活联系起来，形成了一个新的空间——社会空间。从根本上来说，这个社会空间是"人与人、人与事物（包括物质环境）之间的关系状态"③。

---

① Marwick, A., "The Public Domain: Surveillance in Everyday Life", *Surveillance & Society*, Vol. 9, No. 4, 2012: 378-393.

② 〔美〕刘易斯·芒福德：《技术与文明》，陈允明、王克仁、李华山译，中国建筑工业出版社，2009，第 79 页。

③ 郑震：《空间：一个社会学的概念》，《社会学研究》2010 年第 5 期。

基于此，本部分内容将从物理空间和社会空间两个层面入手分析智能手机与家庭空间的双向建构。一方面，我们将家视为一个具体的、有形的物理空间，探讨智能手机如何进入家庭空间，如何压缩、延伸家庭空间；另一方面，家作为一个社会空间，是家庭成员与手机物之间相互作用的互动关系，我们要从社会实践的角度来理解空间。智能手机以不同的方式参与到每个家庭的媒介实践中，被打上不同家庭的烙印，完成手机与家庭空间的双向驯化过程。无论是哪个层面的讨论，其终极指向都是家庭结构与家庭权力关系。

（三）并入

在时钟被发明之前，人们日出而作、日落而息，日常生活是根据自然时间来安排的。时钟出现后，人类建立了一种时间节奏，它给予人类一个共同的标准以开展社会合作与协调[1]，一种关于时间的客观、科学的意识成为所谓的现代性时期的标准，它潜移默化地嵌入人类的日常生活，成为一种最根深蒂固的社会媒介化技术[2]。

当手机开始并入人们的家庭生活并占据一席之地时，其寻求与家庭规则、时间惯例相结合，进而在家庭场域中发挥自身的作用；当人们要将新的媒介技术并入自己的家庭生活中时，他们会协商沟通并制定相关规定来支持（或反对）该媒介技术的采用。关于手机并入家庭生活的协商成为当代展开家庭讨论和重建家庭沟通的一种手段。父母习惯于通过介入儿童的手机使用来协调家庭时间、监督和管教子女、管理家庭互动和密切家庭关系。[3] 菲律宾的母亲在外务工时会利用手机来"做母亲"，通过手机来协调家庭成员的时间安排，并将母亲的监督和照顾范

---

① Glennie, P., & Thrift, N., *Shaping the Day: A History of Timekeeping in England and Wales 1300-1800* (New York: Oxford University Press, 2009), p. 61.

② Tabboni, S., "The Idea of Social Time in Norbert Elias", *Time & Society*, Vol. 10, No. 1, 2001: 5-27.

③ Park, Y. S., & Kim, U., "Family, Parent-Child Relationship, and Academic Achievement in Korea: Indigenous, Cultural, and Psychological Analysis", in Kim, U., Yang, K. -S., & Hwang, K. -K. (eds.), *Indigenous and Cultural Psychology: Understanding People in Context* (Boston: Springer Press, 2006), pp. 421-443.

围扩大到家庭的物理限制之外。① 在一些家庭中，父母对 ICT 参与家庭互动充满担忧，他们更愿意采用"限制性中介策略"，拒绝儿童接触特定的设备，为 ICT 的使用设定时间限制，限制儿童接触特定类型的媒介内容。② 也有一些母亲精明地将 ICT 作为一种宝贵的育儿资源，她们利用电视、计算机和电子游戏对孩子的诱惑力，在育儿过程中将 ICT 的使用作为奖惩手段，以此来管理她们的孩子。③

梳理已有研究，我们发现媒介技术的并入可以概括为三种模式：抵制（遏制技术使用）、平衡（权衡数字参与的风险和回报）和拥抱（寻求数字媒介带来的机会和资源）。④ 这些模式与本书中另一个理论框架——父母中介理论相结合，能够为本书的研究提供更广泛的理论支持和多元化的研究视角。

（四）转化

媒介技术的转化过程是其重新进入公共领域的过程，携带着独特的驯化痕迹，有着明显的文化相对主义色彩。⑤ 媒介技术的转化过程表现在横向和纵向两个维度上。横向转化方面，不同阶层的家庭会赋予媒介技术不同的实践意义和文化意义⑥；在本书的研究中，中国城乡家庭阶

① Acedera, K. F., & Yeoh, B. S., "The Intimate Lives of Left-Behind Young Adults in the Philippines: Social Media, Gendered Intimacies, and Transnational Parenting", *Journal of Immigrant & Refugee Studies*, Vol. 20, No. 2, 2022: 206–219.

② Eastin, M. S., Greenberg, B. S., & Hofschire, L., "Parenting the Internet", *Journal of Communication*, Vol. 56, No. 3, 2006: 486–504.

③ Park, Y. S., & Kim, U., "Family, Parent-Child Relationship, and Academic Achievement in Korea: Indigenous, Cultural, and Psychological Analysis", in Kim, U., Yang, K. -S., & Hwang, K. -K. (eds.), *Indigenous and Cultural Psychology: Understanding People in Context* (Boston: Springer Press, 2006), pp. 421–443.

④ Wang, Y., "Understanding and Resolving the 'Content-Context Conundrum' in ICT Domestication Research", in Hartmann, M. (ed.), *The Routledge Handbook of Media and Technology Domestication* (London: Routledge, 2023), p. 107.

⑤ Rice, E. S., Haynes, E., Royce, P., & Thompson, S. C., "Social Media and Digital Technology Use among Indigenous Young People in Australia: A Literature Review", *International Journal for Equity in Health*, Vol. 15, 2016: 1–16.

⑥ Bakardjieva, M., "The Internet in Everyday Life: Exploring the Tenets and Contributions of Diverse Approaches", in Consalvo, M., & Ess, C. (eds.), *The Handbook of Internet Studies* (Oxford: Blackwel 2011), pp. 59–82.

层差异明显，我们需要深入考察阶层差异是否会导致手机驯化路径的不同，其在转化的过程中又是否会造成用户占有社会资本的差异，继而造成新的数字区隔。

纵向转化方面，父母与孩子在家庭环境中的权力关系发生变化。美国人类学家玛格丽特·米德将人类社会的文化分为前喻文化、并喻文化和后喻文化，"前喻文化是指晚辈主要向长辈学习；并喻文化是指晚辈和长辈的学习都发生在同辈人之间；而后喻文化则指长辈反过来向晚辈学习"①。自人类进入文明社会以来，中国一直处在前喻文化时期，践行着一种自上而下的、单向的、垂直的文化传承模式。亲代掌握着更多的知识与权力，扮演着教育者的角色，子代则是被教育的对象。传统中国家庭中，父亲具有不容置疑的权威地位，他们拥有更丰富的知识积累与人生经验，是"全知全能"的代表。父亲凭借性别和权力优势，掌握着遥控器，拥有开关电视和选择节目的权力，控制着其他家庭成员的媒介选择。②

今天，传统的长幼有序的文化依然存在，但传统价值观已发生很大转变。同时，技术赋权下的儿童本身对父亲的权威形成了极大挑战，当今家庭中甚至经常出现儿童对父母进行技术反哺的情景，家庭结构和亲子关系处在动态变化之中，与手机的驯化实践相互勾连、相互影响。那么，智能手机的转化在中国的城乡家庭中是如何实现的？它在不同的家庭中是否会有不同的表现？这些都是本书期待回答的问题。

（五）去驯化

梭罗在《瓦尔登湖》中有过这样一段描述："我们匆匆地建立起了从缅因州通往得克萨斯州的磁性电报，但是缅因州和得克萨斯州可能并没有什么重要的东西需要交流……我们满怀热情地在大西洋下开通隧道，把新旧两个世界拉近了几个星期，但是到达美国人耳朵里的第一条

---

① 〔美〕玛格丽特·米德：《文化与承诺：一项有关代沟问题的研究》，周晓虹、周怡译，河北人民出版社，1987，第 79 页。
② 李岭涛、李扬：《电视媒体的发展空间：基于社交属性的思考》，《现代传播（中国传媒大学学报）》2019 年第 6 期。

新闻可能是阿德雷德公主得了百日咳。"① 这段话被尼尔·波兹曼用来批判电报带来的信息过剩问题。

今天，智能手机带来了海量信息，极大地丰富了儿童的日常生活与成长体验，但是当智能手机全方位深度嵌入家庭生活后，它占用了儿童越来越多的时间，尤其是疫情防控期间，儿童的手机使用时间大幅增加。移动数据分析公司 App Annie 发布的数据显示，2021 年全球移动设备使用量为 3.8 万亿小时，创历史新高②；据调查，2019 年，42% 的孩子每周花在手机上的时间超过了 30 个小时③；2024 年，皮尤研究中心的调查显示，没有手机会让青少年感到焦虑（44%）、沮丧（40%）和孤独（39%）④。

当智能手机等媒介技术深度嵌入人们的生活，人类越来越多地卷入媒介技术营造的环境中，日常生活被打上深深的技术烙印甚至被技术过度挤占，人们在不自知的情况下被媒介技术"反向驯化"。技术对日常生活的过度渗透给亲密关系、家庭和谐带来诸多负面影响，人们开始陷入信息焦虑，开始反思媒介技术可能带来的各种"负效应"，于是，人们开始用各种方式消解、抵抗媒介技术对人的深度渗透，即"去驯化"。⑤ 日常生活中，许多人有意识地减少手机使用时间、改变手机使用方式，尝试挑战"×天不看手机"，或者卸载某款软件，以此消解、抵抗智能手机带来的上瘾或注意力分散。

需要说明的一点是，去驯化不是要站在技术悲观主义的立场对媒介

① 转引自〔美〕尼古拉·尼葛洛庞帝《数字化生存》，胡泳、范海燕译，电子工业出版社，2017，第 113 页。

② 李鹏辉：《移动即未来，App Annie 发布〈2022 年移动市场报告〉》，动点科技，https://cn.technode.com/post/2022-01-14/app-annie-mobile-market-report-2022/，最后访问日期：2022 年 7 月 11 日。

③ "Kids Cell Phones Usage Survey 2019", https://www.sellcell.com/blog/kids-cell-phone-use-survey-2019/.

④ "How Teens and Parents Approach Screen Time", 2024, https://www.pewresearch.org/internet/2024/03/11/how-teens-and-parents-approach-screen-time/.

⑤ Sabella, R. A., Patchin, J. W., & Hinduja, S., "Cyberbullying Myths and Realities", *Computers in Human Behavior*, Vol. 29, No. 6, 2013：2703-2711.

技术进行简单的否定，也不是强调技术决定论意义上的支配或决定。技术总是有利有弊，它的某些弊端也总会引发许多人的担忧甚至恐慌，但是简单拒绝并不是最好的选择。事实证明，寄希望于通过社会制度或外部力量干涉人们的媒介使用往往收效甚微。历史上，许多国家通过立法限制电视的播出时间，以此来弱化电视在大众生活中的影响；互联网时代，大量政策法规希望通过限制在线时长等方式减少互联网对大众尤其是对儿童的影响。但是，智能手机等媒介技术产品已然渗透至我们的日常生活中，人们很难因为外部规定而放弃技术带来的快乐，大多数人会陷入"下载—卸载—再下载"的循环，亲子之间也会因此陷入"控制—反抗—再控制"的关系之中。

面对技术，最恰当的方式是通过与技术的互动，在抵抗和服从之间不断探索更为理想的共处模式。去驯化，强调的正是人类与媒介技术的互动过程，这中间既涉及媒介技术自身所携带的技术特征和逻辑，也包括人类在使用媒介技术的过程中对"技术本身的目的化"和对"工具理性与价值理性"的权衡。① 今天，当中国城乡家庭开始有意识地与智能手机保持距离，他们对手机的感受、体验以及赋予它的意义是否发生改变？他们采用了什么样的去驯化策略和问题解决方案？这些问题都有待我们回答。因此，我们不仅需要去关注智能手机的"驯化"过程，还需要考察智能手机的"去驯化"过程，这样我们才能更好地理解人、技术与家庭之间流动的、复杂的关系。

综上所述，驯化理论重视日常媒介实践中用户的能动性，关注驯化过程发生时的复杂情境和背景，为本书的研究提供了颇具启发意义的理论资源和研究视角。同时，我们也必须看到，媒介驯化是一个持续变化的过程，媒介技术环境发生了很大改变，手机与电视完全不同，在研究中我们不能简单挪用电视时期的驯化策略，而是既要关注手机作为一个中介对家庭空间的塑造与其带来的想象，也要关注手机技术与人的互动

① 刘千才、张淑华：《从工具依赖到本能隐抑：智媒时代的"反向驯化"现象》，《新闻爱好者》2018 年第 4 期。

关系。此外，该领域的研究目前集中在西方国家，尽管像 Ihde[1]、Lim[2] 等学者在亚洲开展了技术驯化的研究，但该领域在亚洲取得的研究成果相对较少。本书将问题置于中国城乡家庭的具体情境之中，充分考虑社会环境和文化背景的差异性，深入考察中国文化背景下父母和孩子的手机驯化实践差异，以期为丰富 ICTs 驯化研究贡献一份力量。

第四节 媒介技术、家庭与亲子关系

一 父母中介理论（parental mediation theory）

"驯化"与"中介化"是 Silverstone 的两个关键理论概念，"驯化"暗含着"中介化"的基因，而"中介化"也带着"驯化"的影子前进。[3] 驯化研究将媒介技术置于具体情境之中，使学界对媒介技术与人类关系的研究兴趣从功能主义范式下的效果研究转向了对中介化的探讨。[4] 英国学者 David Morley 的著作《家庭电视：文化权力与家庭式休闲》被认为是"媒介研究民族志转向"的标志，这个"转向"带动了一大批研究者将媒介置于人和家庭的关系中进行研究。[5]

"中介化"（mediation）作为一种动态生成的过程，是"一个多重的、纠缠的过程"[6]。在中介化的家庭生活中，不同的家庭赋予媒介不同的意义，父母与儿童不可避免地会参与到人与技术多重的、纠缠的互

① Ihde, D., *Heidegger's Technology: Postphenomenological Perspectives*（New York：Fordham University Press，2010），p. 152.
② Lim, S. S., "Asymmetries in Asian Families Domestication of Mobile Communication", *Mobile Communication and the Family*, Vol. 7, No. 12, 2016：1-9.
③ 曾薇：《从驯化到中介化：西尔弗斯通媒介技术观念的变迁》，《新闻知识》2021 年第 1 期。
④ Schrøder, K. C., "Audience Semiotics, Interpretive Communities and the 'Ethnographic Turn' in Media Research", *Media, Culture & Society*, Vol. 7, Vol. 16, 1994：337-347.
⑤ Clark, L. S., *The Parent App: Understanding Families in the Digital Age*（New York：Oxford University Press，2013），p. 44.
⑥ Kember, S., & Zylinska, J., *Life After New Media：Mediation as a Vital Process*（Cambridge：MIT Press，2012），p. 94.

动关系中，每个家庭通过不断沟通、协商，构建出一套属于自己的中介
策略。

20 世纪 80 年代，父母中介理论最早在美国出现，父母中介指的是
父母对儿童接触的媒介及其内容进行控制、监督和管理的方式，是父母
为了最大化媒介积极效应、减少或消除媒介所带来的消极影响和潜在风
险所主动采取的策略①，是家长对儿童与媒介之间关系的参与②，它被
广泛应用于研究父母在管理和规范孩子的电视使用方面发挥的积极
作用③。

在电视作为主要家庭媒介的时代，学者们重点关注父母如何中介儿
童的电视使用④，并概括出三种主要的父母中介策略：积极中介策略
（active mediation）⑤、限制中介策略（restrictive mediation）⑥ 和共同观看
策略（co-viewing）⑦。具体而言，积极中介策略指父母在儿童使用媒介
时与孩子积极讨论媒介内容，无论内容是正面的还是负面的，父母都会
相应地给予积极的、有指导性的建议，或提出消极的、批判性的意见；
限制中介策略主要指父母会制定相关规则限制子女的媒介使用，具体限

---

① Zaman, B., Nouwen, M., Vanattenhoven, J., De Ferrerre, E., & Looy, J. V., "A Qualitative Inquiry into the Contextualized Parental Mediation Practices of Young Children's Digital Media Use at Home", *Journal of Broadcasting & Electronic Media*, Vol. 60, No. 1, 2016: 1-22.

② Shin, W., & Huh, J., "Parental Mediation of Teenagers' Video Game Playing: Antecedents and Consequences", *New Media & Society*, Vol. 13, No. 6, 2011: 945-962.

③ Dorr, A., Kovaric, P., & Doubleday, C., "Parent-Child Coviewing of Television", *Journal of Broadcasting & Electronic Media*, Vol. 33, No. 1, 1989: 35-51; Nathanson, A. I., "Identifying and Explaining the Relationship Between Parental Mediation and Children's Aggression", *Communication Research*, Vol. 26, No. 2, 1999: 124-143.

④ Schaan, V. K., & Melzer, A., "Parental Mediation of Children's Television and Video Game Use in Germany: Active and Embedded in Family Processes", *Journal of Children and Media*, Vol. 9, No. 1, 2015: 58-76.

⑤ Horton, R. W., & Santogrossi, D. A., "The Effect of Adult Commentary on Reducing the Influence of Televised Violence", *Personality and Social Psychology Bulletin*, Vol. 4, No. 2, 1978: 337-340.

⑥ Clark, L. S., "Parental Mediation Theory for the Digital Age", *Communication Theory*, Vol. 21, No. 4, 2011: 323-343.

⑦ Livingstone, S., & Helsper, E. J., "Parental Mediation of Children's Internet Use", *Journal of Broadcasting & Electronic Media*, Vol. 52, No. 4, 2008: 581-599.

制使用的时间（包括使用次数、使用时长等）、地点或内容（如限制接触暴力或性内容等），但父母不一定会与儿童讨论这些内容的含义或影响；共同观看策略则指在儿童使用媒介期间，父母会和儿童共同观看，但不对媒介内容或其影响做出评价和讨论。相比积极中介策略，共同观看策略更强调陪伴的行为而非语言交流。

针对不同的父母中介策略，Valkenburg 和 Peter[1] 开发了一个量表测量不同中介策略的效果。研究发现，积极中介策略会让儿童更加了解电视节目的制作过程，更具怀疑精神[2]；父母的中介可以有效提升孩子的媒介素养[3]，减少媒介带来的负面影响[4]；父母与孩子的有效沟通会让孩子更愿意接受父母对他们的媒介使用提出的建议，也更愿意主动与父母分享媒介内容[5]。共同观看则被证实是确实有效的中介策略[6]，许多家庭通过共同使用媒介（如一起看电视）来建立共同兴趣、找到共同话题[7]。父母可以借用媒介进行亲子互动，进而推动孩子价值观的构建。[8]

---

[1] Valkenburg, P. M., & Peter, J., "Online Communication among Adolescents: An Integrated Model of Its Attraction, Opportunities, and Risks", *Journal of Adolescent Health*, Vol. 48, No. 2, 2011: 121-127.

[2] Nathanson, A. I., "Parent and Child Perspectives on the Presence and Meaning of Parental Television Mediation", *Journal of Broadcasting & Electronic Media*, Vol. 45, No. 2, 2001: 201-220.

[3] Kunkel, D., & Wilcox, B., "Children and Media Policy", in Singer, D. G., & Singer, J. L. (eds.), *Handbook of Children and the Media* (London: Sage Publications, 2001), pp. 589-604.

[4] Nathanson, A. I., "Factual and Evaluative Approaches to Modifying Children's Responses to Violent Television", *Journal of Communication*, Vol. 54, No. 2, 2004: 321-336.

[5] Clark, L. S., *The Parent App: Understanding Families in the Digital Age* (Oxford: Oxford University Press, 2013), p. 132.

[6] Messaris, P., & Kerr, D., "TV-Related Mother-Child Interaction and Children's Perceptions of TV Characters", *Journalism Quarterly*, Vol. 61, No. 3, 1984: 662-666.

[7] Ritchie, L. D., & Fitzpatrick, M. A., "Family Communication Patterns: Measuring Intrapersonal Perceptions of Interpersonal Relationships", *Communication Research*, Vol. 17, No. 4, 1990: 523-544.

[8] Warren, M., "Communities and Schools: A New View of Urban Education Reform", *Harvard Educational Review*, Vol. 75, No. 2, 2005: 133-173.

　　当然，父母限制中介策略的有效性如何尚存在较大争议[①]。Clark[②]
在 *The Parent App: Understanding Families in the Digital Age* 一书中反对父
母简单使用限制中介策略，认为如果没有提供合理替代方案，限制中介
策略很可能是无益的，他建议父母应该提供一种替代方案，将孩子的注
意力从手机转移到别的地方。Blum-Ross 和 Livingstone[③] 也认为屏幕使
用时间限制是一种无效的措施，这种简单的限制忽略了手机的普遍性，
家长更应关注手机媒介的内容质量、使用方式等。

　　作为一个起源于电视媒介时代的理论，父母中介理论被广泛应用
于一系列随时间推移出现的新媒介，包括互联网、电子游戏的研究
中。[④] 电子游戏的相关研究发现父母将他们熟悉的电视中介策略应用
到了互联网方面，具体表现为"限制中介"、"积极中介"和"共同
玩游戏"。[⑤]

　　不同于电视和计算机，当今儿童面对的是智能手机、平板电脑等屏
幕更小、私密性更强的媒介，媒介使用场景发生了很大变化。面对智能
手机等小屏幕媒介，父母不太容易对其屏幕进行监控[⑥]，共同观看等父

[①] Nathanson, A. I., "The Unintended Effects of Parental Mediation of Television on Adolescents", *Media Psychology*, Vol. 4, No. 3, 2002: 207–230.

[②] Clark, L. S., *The Parent App: Understanding Families in the Digital Age* (Oxford: Oxford University Press, 2013), p. 79.

[③] Blum-Ross, A., & Livingstone, S., Families and Screen Time: Current Advice and Emerging Research (LSE Media Policy Project, 2016).

[④] Livingstone, S., & Helsper, E. J., "Parental Mediation of Children's Internet Use", *Journal of Broadcasting & Electronic Media*, Vol. 52, No. 4, 2008: 581–599; Nikken, P., & Jansz, J., "Parental Mediation of Children's Video Game Playing: A Comparison of the Reports by Parents and Children", *Learning, Media and Technology*, Vol. 31, No. 2, 2006: 181–202; Shin, W., & Huh, J., "Parental Mediation of Teenagers' Video Game Playing: Antecedents and Consequences", *New Media & Society*, Vol. 13, No. 6, 2011: 945–962.

[⑤] Musick, G. Freeman, G., & McNeese, N. J., Gaming as Family Time: Digital Game Coplay in Modern Parent-Child Relationships (Proceedings of the ACM on Human-Computer Interaction, 2021).

[⑥] Peter, J., & Valkenburg, P. M., "Adolescents' Internet Use: Testing the 'Disappearing Digital Divide' Versus the 'Emerging Digital Differentiation' Approach", *Poetics*, Vol. 34, No. 4–5, 2006: 293–305; Wolak, J., Mitchell, K. J., & Finkelhor, D., "Does Online Harassment Constitute Bullying? An Exploration of Online Harassment by Known Peers and Online-Only Contacts", *Journal of Adolescent Health*, Vol. 41, No. 6, 2007: 51–58.

母中介策略在智能手机时代变得越来越难以实施。那么，面对愈发复杂的媒介环境，我们需要重新思考：以电视观看为基础的家长中介策略是否还能够适应智能手机使用的媒介环境？手机作为新的家庭成员，对父母中介策略提出了哪些新的挑战，为其带来了哪些变化？本书希望把手机作为勾连家庭互动、亲子交流与家庭环境的中介，将其置于中国城乡家庭情境的时空变换之中，考察中国城乡父母在以手机为中介的家庭媒介实践中是否探索出了新的中介策略，这些策略是否存在城乡差异，其差异具体表现在哪些方面。

二　理解家庭场域：布尔迪厄的理论

社会科学领域中一直存在两个对立思潮，这两个思潮一个主张人类的行为由客观的社会结构决定，一个主张人类的行为由主观的意义阐释或能动性决定。① 受此影响，传播学领域关于儿童与媒介的研究中也一直存在这样的争论。已有研究或是将儿童作为研究对象，探讨儿童如何使用媒介，或是强调媒介技术的效果，探讨不同媒介对儿童产生的影响。

今天，儿童生活在一个高度媒介化的社会，我们的研究需要将儿童、媒介技术以及现实情境结合起来，站在关系的角度，对儿童的数字化成长进行综合考察。场域理论跳出了技术决定论和社会建构论二元对立的争论，不再把媒介与受众的关系限定在主动/被动的二元框架中，而是将媒介技术、场景空间与行动者纳入各不相同的中介化传播形态与动态互构的场域之中，为我们提供了一个理解媒介化家庭的重要角度。

"场域"（field）的概念最早是布尔迪厄在《关于电视》中提出的，他认为传播不是单纯的传者与受者之间的对话，而是政治、经济、文化等其他因素共同作用的结果。布尔迪厄的场域理论围绕资

---

① 〔英〕帕特里克·贝尔特：《二十世纪的社会理论》，瞿铁鹏译，上海译文出版社，2002，第107页。

本、惯习等核心概念，关注具体社会情境与传播实践中不同阶层、家庭、教育背景的人在同一个场域中的位置差异，强调从关系的角度出发进行思考，以生成的结构主义和实践与反思为主要方法，以资本、惯习与性情为理论工具和主要分析单元，建构了一种更为复杂精细的理论模式和研究方法。[①]

在场域中，"资本"（capital）扮演着重要的角色。场域是主体实践的空间，也是不同资本形式的具体体现。阶级、家庭收入、受教育程度等不同类型的资本会影响到主体在场域中的位置，反过来，主体所处位置的不同亦会影响其对技术的使用与支配。具体而言，布尔迪厄所说的资本指的是特定社会领域里有效的资源，包括经济资本、文化资本和社会资本三种形式。经济资本指与各类财产权有关或是直接可转换为货币的资源，布尔迪厄认为，经济资本处于所有其他类型的资本（比如文化资本和社会资本）的最根本处。与经济资本相比，后两种资本通过家庭出身与教育等因素积累形成，具有一定的隐蔽性，三者在一定条件下可以相互转化。文化资本有三种形态：（1）具身化形态，指内化的认知能力、知识以及"持久的、固化的审美倾向"；（2）客观化形态，这一形态下的文化资本具体物化为可以接触到的文化商品，比如书籍、艺术品、科学仪器等；（3）制度化形态，指由个体层面的身体文化资本转化成的集体层面的客观形态文化资本，如文凭、学历或资格证书等。[②] 社会资本与实际的或潜在的社会网络关系有关，人们可以调动其中的经济和文化资本，以增强其行动的可能性。我们可以从两个不同的层面去理解场域：作为施加在社会主体上的客观力量的模型系统；作为对抗的关系空间，行动主体在其中开展他们的行动。[③]

---

① 王敏：《从"常规"到"惯习"：一个研究框架的学术史考察》，《新闻与传播研究》2018 年第 9 期。

② 朱伟珏：《"资本"的一种非经济学解读——布迪厄"文化资本"概念》，《社会科学》2005 年第 6 期。

③ Bourdieu, P., "The Forms of Capital", in Richardson, J. (ed.), *Handbook of Theory and Research for the Sociology of Education* (New York: Greenwood Press, 1986), pp. 241-258.

无论从哪个层面出发，场域都与某种特定形式的资本相关。可以通过对家庭内外不同资本的衡量，分析在家庭这个结构性空间中，拥有不同资本的家庭成员如何以手机为中介展开互动，形塑家庭权力关系、重构新的家庭场域。具体到本书的研究中，"资本"作为理论概念和分析单元能够帮助我们考察中国城乡家庭场域的差异，进而探讨在西安市和海则滩村存在结构性差异的家庭空间中拥有不同资本的家庭成员如何以手机为中介展开互动，如何形塑家庭权力关系、重构新的家庭场域。

另一个重要的概念是"惯习"（habitus），场域是惯习形成的舞台，惯习是一种"被结构化的结构"（structured structure），包括已经结构化的和正在建构中的结构，是被一系列外在因素社会化的结构，也是在日常实践行为基础上内化而成并反过来指导行动者的惯例。在家庭场域中，家庭成员作为行动者受制于场域中的权力关系和资本的占有，他们会基于资本的占有与所处的位置形成惯习，这种惯习具有能动性，能够推动家庭关系的再生产。惯习并非来自某种已有的规则，也不是有意计算的结果，而是家庭成员在日常生活中基于媒介中介化的互动形成的某种实践感或者某种关系。惯习的差异或区隔归根结底是由于家庭成员在场域中所处位置（position）的不同以及占有资本的不同。

除此之外，布尔迪厄的场域理论还强调变化的过程。一方面，媒介技术、场景空间与行动者之间发生的是一种动态的、生成性的过程，是一种不断重组的关系再生产。它们之间存在的是"相互调整"（mutual adjustment），而非"劝服"（persuasion）与"抗拒"（resistance）。[①] 另一方面，动态的媒介场域会与其他场域相互影响并持续变化，这是"一个多重、纠缠的生成过程"。[②] 在中国城乡家庭中，人与智能手机之间的关系亦不是一成不变的，场域理论非常适合于探索本书中人、技术、环境之间"相互调整""动态生成"的关系。

---

① 〔美〕罗德尼·本森：《比较语境中的场域理论：媒介研究的新范式》，韩纲译，《新闻与传播研究》2003 年第 1 期。

② Kember, S., & Zylinska, J., *Life after New Media: Mediation as a Vital Process*（Cambridge：MIT Press, 2012），p. 94.

总的来说，布尔迪厄站在关系的角度去理解媒介技术与人类社会的复杂互动，从而将场域理论进一步普遍化并确立其"元理论"的地位①，建立媒介研究的一种新范式②。作为一个理论工具，场域理论将行动者、媒介以及经济、文化、技术变化等因素紧密相连，不仅能够研究家庭内新进入的媒介技术带来的变化，还能够呈现行动者在场域中的行为以及其对原有场域结构的权力型构和关系的再生产。因此，本书的研究引入资本、惯习、场域等理论概念和分析单元，通过非参与式观察和深度访谈，以一种关系性思维去考察身处不同家庭场域的中国城乡儿童的数字化成长过程，探讨资本与惯习在多大程度上参与儿童的数字化成长、资本与惯习的差异和区隔是否会影响儿童的媒介实践以及以智能手机为中介的亲子关系。

第五节　媒介技术与数字区隔

托克维尔在《论美国的民主》一书中说道，"枪炮的发明使奴隶和贵族得以在战场上平等对峙；印刷术为各阶层的人们打开了同样的信息之门，邮差把知识一视同仁地送到茅屋和宫殿前"。人类面对一项新技术时，经常会赋予它各种美好的期待与想象。但是回溯人类历史，传播中介与不平等一直相伴相生。当文字最初被发明出来，人就被区分为"识字的"和"不识字的"。彼时，"抄写一族"因为擅长记录和阅读而成为一个特权阶级。古罗马时期保存最好的信件来自马库斯·图利乌斯·西塞罗，他有约 900 封信件保留至今。之所以能有如此多的信件留存下来，是因为他拥有一名叫提罗的奴隶，提罗发明了一种速记的方法，在他的帮助下，西塞罗处理信件的效率大大提升。后来，也正是因为印刷媒介进入家庭，区分了成年人与儿童，将家庭成员分为能读书与

---

① 刘海龙：《当代媒介场研究导论》，《国际新闻界》2005 年第 2 期。

② 〔美〕罗德尼·本森：《比较语境中的场域理论：媒介研究的新范式》，韩纲译，《新闻与传播研究》2003 年第 1 期。

不能读书的人，才衍生出了儿童的概念。

当我们进入互联网时期，互联网以其开放、去中心化的特质吸引了众多拥趸，他们断言互联网将带来一个自由平等的新世界，然而，互联网并不是人人都有麦克风的桃花源，每个人拥有的麦克风不同，发出的音量亦十分不同，被听到的概率也大为不同。当我们为"去中心化"带来的平等自由而欢呼时，殊不知世界正悄然完成"再中心化"。

一 媒介技术与数字鸿沟

传播学研究中，学者们一直重视由媒介技术使用带来的社会不平等问题，从"知沟"到"数字鸿沟"（digital divide），大量研究探讨社会经济地位、受教育程度等的差异如何影响不同 ICTs 的使用效果。

该领域的研究最早可追溯至 1970 年蒂奇诺（Tichenor）等人提出的"知沟"假说，以他和多诺霍（Donohue）、奥里恩（Olien）三人组成的明尼苏达小组为代表，一大批学者开始关注媒介与社会不平等之间的关系。20 世纪 60 年代的美国，种族隔离与歧视严重、受教育和就业机会不平等、贫富差距不断扩大，时任总统林登·约翰逊提出人应该享有"免于无知的自由"，教师出身的他希望通过教育帮助人们摆脱贫困、获得独立和尊严。彼时电视在美国家庭已非常普及，人们希望通过电视来改变受教育机会的不平等，于是，电视节目《芝麻街》应运而生。

在《芝麻街》播出后的几十年里，大量研究证明定期观看《芝麻街》可以有效缩小不同经济阶层家庭中孩子的知识水平差距。但是，该结论基于一个基本的前提"定期观看"，现实生活中，不同经济阶层家庭中的孩子观看节目的频率和方式相差甚远，中产阶层的父母更愿意鼓励或陪伴孩子一起看《芝麻街》，而经济状况差的家庭则很可能不会选择观看这个节目。因此，该节目不仅没有消除教育不平等带来的阶层差异，相反扩大了阶层差距，人类利用大众媒介消除教育不平等的尝试宣告失败。

同一时期，施拉姆在他关于北美儿童观看电视的效果研究中也表达了类似观点："对某些儿童而言，在某些条件下，某些电视节目是有害的；在同样条件下对另一些儿童或在另一些情况下对同样的儿童，这些电视节目也许就是有益的。"在电视媒介时代，大量效果研究证实电视能够对儿童产生影响，但是该影响的向度取决于个体因素、家庭环境和社会关系等。①

20 世纪 90 年代开始，伴随着通信技术的发展，美国政府提出数字鸿沟的概念，其指的是那些有机会获得新信息技术的人和没有机会获得新信息技术的人之间的差距。作为一个被用于探讨信息技术富有者和贫困者之间不平等的概念，其被提出后一直受到传播学、社会学、政治学、管理学等诸多学科及业界的关注，甚至成为社会政策和政治经济主张中的一种关怀主题。②

在互联网发展初期，计算机拥有、网络接入等层面的差异导致了"第一道数字鸿沟"——接入沟。2000 年后，接入沟的差距逐渐消失，该领域的研究重点转向互联网技术使用技能的差异，从而出现了"第二道数字鸿沟"——使用沟。今天，绝大多数人拥有进入互联网的入口，但这并不意味着一个平等的互联网世界已然到来。不同的数字技术使用技能和互联网驯化实践导致了数字技术使用层面的鸿沟。当互联网中的信息和知识变得能够转换为社会资源时，不少学者开始讨论新媒介技术使用差距导致的"第三道数字鸿沟"——知识沟。当然，对三道数字鸿沟的研究之间并不是机械地彼此割裂的，也不是简单的新旧更替关系，在新冠疫情暴发后的两年多时间里，许多研究重回数字鸿沟中的接入沟，关注那些没有健康码的老人在疫情时代遇到的种种困境。③

互联网时代，"家庭技术会带来平等"的乌托邦世界没有如期到来，数字鸿沟仍然存在甚至不断扩大。④ 社会经济水平、监管框架、技

① 海阔：《大众传媒与中国现代性——一种传播人种学研究》，博士学位论文，浙江大学，2006，第 73 页。

② 金兼斌：《数字鸿沟的概念辨析》，《新闻与传播研究》2003 年第 1 期。

③ 杨一帆、潘君豪：《老年群体的数字融入困境及应对路径》，《新闻与写作》2021 年第 3 期。

④ Hargittai, E., "Weaving the Western Web: Explaining Difference in Internet Connectivity Among OECD Countries", *Telccommunications Policy*, Vol. 23, No. 10-11, 1999: 701-718.

术基础设施和受教育程度等因素都造成了当代社会的数字不平等。[①] 每个用户因为性别、年龄、阶级的不同，对技术的理解也不同。[②] 父母社会地位对儿童互联网使用模式有着显著影响。[③]

胡泳在《重新认识数字鸿沟》一文中提到，硅谷的父母越来越担心屏幕对孩子的影响，鼓励孩子回到木质玩具和人际互动中，他们更希望孩子选择无屏幕的生活方式。而穷人和中产阶级父母则更依靠屏幕来抚养孩子，他们的孩子更容易对屏幕上瘾。美国一家名为"Common Sense Media"的媒介监测机构的调查显示，2018 年，来自低收入家庭的青少年平均每天在屏幕上花费 8 小时 7 分钟，而来自高收入家庭的同龄人每天平均只花 5 小时 42 分钟。[④]

Mitchell 等人[⑤]的研究对比了 2005 ~ 2007 年美国不同种族、阶层家庭中儿童网上遭遇风险的概率，结果发现，白人和富裕家庭的儿童更容易获取关于互联网使用安全的信息，拥有更高的数字技能，在网上遭遇风险的概率明显更低。社会地位高、双亲健全家庭中的儿童更愿意在家上网，他们使用互联网有更明确的目标，能够利用手机获取更多有用的信息，得到更多的社会机会，享受数字社会带来的各种红利。[⑥] 相反，

---

① Livingstone, S., & Bovill, M., *Children and Their Changing Media Environment: A European Comparative Study* (NJ: Lawrence Erlbaum Associates, 2001), p. 21.

② Ihde, D., *Heidegger's Technology: Postphenomenological Perspectives* (New York: Fordham University Press, 2010), p. 213.

③ Rothbaum, F., Martland, N., & Jannsen, J. B., "Parents' Reliance on the Web to Find Information about Children and Families: Socio-Economic Differences in Use, Skills and Satisfaction", *Journal of Applied Developmental Psychology*, Vol. 29, No. 2, 2008: 118-128; Vekiri, I., "Socioeconomic Differences in Elementary Students' ICT Beliefs and Out-of-School Experiences", *Computers & Education*, Vol. 54, No. 4, 2010: 941-950.

④ 胡泳:《重新认识数字鸿沟》, http://www.360doc.com/content/20/1017/12/535749940 927290.shtml, 最后访问日期: 2022 年 6 月 18 日。

⑤ Mitchell, K. J., Finkelhor, D., & Wolak, J., "Youth Internet Users at Risk for the Most Serious Online Sexual Solicitations", *American Journal of Preventive Medicine*, Vol. 32, No. 6, 2007: 532-537.

⑥ Valcke, M., Bonte, S., De Wever, B., & Rots, I., "Internet Parenting Styles and the Impact on Internet Use of Primary School Children", *Computers & Education*, Vol. 55, No. 2, 2010: 454-464.

对于社会地位低、单亲家庭的孩子而言，他们缺乏较好的媒介素养，不知道如何更好地利用手机获取有用信息，更有可能无目的地使用互联网浏览信息、交谈和玩游戏。①

　　梳理已有文献，我们发现，从研究范围来看，多数文献从宏观的角度关注不同国家和地区在融入全球信息革命过程中存在的不平等，或聚焦发达国家内部的数字鸿沟，少有针对发展中国家和落后地区（如中国乡村）的研究②；从研究内容来看，主要研究弱势群体在性别、阶层、教育等方面的数字鸿沟③，进入21世纪之后，以手机为主要载体的移动互联网成为人们接入和使用互联网的主要途径，因而也成为数字鸿沟研究关注的新焦点④；从研究对象来看，虽然最早的"知沟"研究在儿童教育领域展开，但大多数关于数字鸿沟的研究关注的是不同阶层的成年人，对儿童的研究付之阙如；从研究方法来看，多数研究采用定量分析，对研究对象和场景的具体描述较为缺乏。在中国，大量研究证实，媒介在不同经济地位、受教育程度的群体中间的使用效果存在明显差异。但是，也有研究发现家庭社会经济背景中的各具体指标因素与传统媒介素养的各维度在统计意义上都不相关。⑤出现这一情况的一种可能原因是传统媒介时期，人们的媒介素养整体很低，因此，经济地位与媒介素养之间并无显著相关性。现在，在智能手机等新媒介技术带来的媒介环境中，媒介技术是否会带来新的数字区隔这一问题，有待更多的实证研究去回答。

---

① Nikken, P., & Jansz, J., "Parental Mediation of Children's Video Game Playing: A Comparison of the Reports by Parents and Children", *Learning, Media and Technology*, Vol. 31, No. 2, 2006: 181–202.

② 李晓静：《数字鸿沟的新变：多元使用、内在动机与数字技能——基于豫沪学龄儿童的田野调查》，《现代传播（中国传媒大学学报）》2019年第8期。

③ Calderon Gomez, D., "The Third Digital Divide and Bourdieu: Bidirectional Conversion of Economic, Cultural, and Social Capital to (and from) Digital Capital among Young People in Madrid", *New Media & Society*, Vol. 23, No. 9, 2021: 2534–2553.

④ 韦路、谢点：《全球数字鸿沟变迁及其影响因素研究——基于1990-2010世界宏观数据的实证分析》，《新闻与传播研究》2015年第9期。

⑤ 郭中实、周葆华、陆晔：《媒介素养与公民素养：一个理论关系模型》，2006中国传播学论坛会议论文，深圳，2006年8月。

二　从数字鸿沟到数字区隔

数字鸿沟的概念经过近 40 年的发展，已逐渐成为一个愈发复杂和多样的概念，并被不断理论化。然而，van Dijk 等人认为数字鸿沟（digital divide）这一表述并不准确。首先，digital 暗示了数字鸿沟仅仅是一个"数字"问题，但事实恰好相反，数字鸿沟的复杂性正体现在它与基础设施、社会文化、阶层等因素之间的复杂纠葛上。① 其次，数字鸿沟将社会群体分为"被容纳"（inclusion）和"被排斥"（exclusion）两个部分，从而忽略了其间存在的复杂"光谱"。② 越来越多的学者认为，"数字区隔"是理解数字时代媒介实践的关键概念。数字鸿沟更关注身处鸿沟两侧的群体在信息拥有程度方面的差异，而数字区隔更加关注"不同背景的人如何将互联网融入自己的生活，他们的数字、社会背景和使用技巧有何不同，这些不同导致了怎样的生活后果"。因为，数字区隔下的同一圈层内的用户在关系、文化经验和技术等制度性要素的影响下，在信息选择与生活品味上保持一致。③

媒介技术不断迭代更新，任何一种媒介技术都无法带来绝对意义上的平等，我们始终要考虑到人类自身及其所处环境的复杂性。正如英国文化研究学者雷蒙·威廉斯④所说，技术只是提供初始意向，应该看到政治制度、经济活动、社会文化、人们的使用意向等对传播实践产生的作用。现实生活中，媒介技术嵌入人类生活，它经由符号形式的再阐释，与特定的模式所勾连，创造了一个由符码掌控的"超现实"（hyper-reality）⑤，

---

① van Dijk, J., & Hacker, K., "The Digital Divide as a Complex and Dynamic Phenomenon", *The Information Society*, Vol. 19, No. 4, 2003: 315-326.

② van Dijk, J. A., "Digital Divide Research, Achievements and Shortcomings", *Poetics*, Vol. 34, No. 4-5, 2006: 221-235.

③ 彭兰：《网络的圈子化：关系、文化、技术维度下的类聚与群分》，《编辑之友》2019年第 11 期。

④ 〔英〕雷蒙·威廉斯：《文化与社会：1780-1950》，高晓玲译，吉林出版集团有限责任公司，2011，第 61 页。

⑤ Baudrillard, J., *Simulacra and Simulation* (Ann Arbor: University of Michigan Press, 1994), p. 45.

这个超现实与现实世界遥相呼应、彼此映射。数字区隔考察社会-技术如何合力影响人类在社会中的位置，同时也强调人类在社会中的位置会作用于社会-技术，最终造成不同群体的差异与区隔。

无论是驯化理论还是父母中介理论，都强调媒介技术消费的背景，既考察技术在日常家庭生活中的微观实践，也兼顾对社会背景的宏观分析。现实生活中，中国城乡家庭在地域和文化等层面都存在差异，要了解这种差异是否以及如何影响智能手机在家庭生活中的介入程度、驯化路径以及儿童的数字化成长过程，我们需要将媒介技术置于具体的城乡家庭场域中，看到不同家庭背后的数字区隔。

三　亲子关系与媒介技术

人类赖以生存的社会是一个复杂的生态系统，人类行为发生在具体的生态情境之中。具体而言，生态情境包括微观层面的个人、中观层面的家庭、宏观层面的制度和文化等，三个不同的层面相互影响、相互依赖，个人的媒介实践行为是三个层面交互作用的结果。现实生活中，家庭媒介生态系统介于宏观的社会情境与微观的个人之间，不可避免地受到二者的影响。在此层面上，数字区隔不是一个抽象或遥远的概念，它真实地存在于每一个具体的家庭场域与亲子关系之中。

技术使每个人都可以与世界实时互联，但这并不意味着他们拥有通向知识和机遇的平等机会，资本在家庭场域中发生代际传递，每个儿童所占有的资本并不一样。同样是使用手机，不同阶层的儿童使用手机的能力、目的、效果各不相同，他们通过手机获得的机会和知识也存在很大差距。同样地，不同阶层的父母对待儿童使用手机的态度也大不相同，有的父母会积极参与孩子的手机实践，建立一种更为理想的以手机为中介的亲子关系。相反，有的家长则仅仅把手机当成"电子保姆"，较少参与孩子的手机实践。种种差别构建了迥异的数字环境，对儿童的成长产生着潜移默化的影响。

1967 年的"科尔曼报告"就已提出，在儿童初级社会化的过程当中，家庭是最重要的因素，父母在儿童成长过程中扮演着最为重要的角色。研究发现，父母的阶级地位与儿童的大脑发育和人格形成密切相关。[1] 美国青少年健康办公室（Office of Adolescent Health，U.S.）2014 年发布报告称，儿童大脑发育是否健康，与父母所受的教育、家庭收入和社会阶级密切相关。Duncan 等人[2]的研究也得出类似的结论：儿童早期的成长经验与亲子关系对其一生的发展都至关重要，儿童在其成长初期与父母等成年人之间的互动关系会影响到孩子日后的学习能力。

那么，怎样的亲子关系才是最理想的呢？对于这个问题，美国人的观念在不断变化。生育了婴儿潮一代的父母更推崇放养式的教育，让孩子自由生长。从 20 世纪 90 年代开始，"放任教育"的理念逐渐为人所摈弃，新一代的父母开始转向"精密教育"的新模式。无论受教育程度和收入水平高低，新一代的父母都会花更多的时间来陪孩子。尽管如此，不同家庭中的亲子关系依旧存在明显的阶级差异，无论是在教育理念上还是在沟通方式上，阶层烙印深植于每个家庭的日常生活之中。Lareau[3] 在研究中概括了进入 21 世纪后美国社会不同阶层父母的养育模式：一种是精心栽培型（concerted cultivation），这是中产阶级主要的育儿方式，他们愿意为孩子付出更多的时间和金钱，日常生活中与孩子的沟通和互动更多；另一种是自然放养型（natural growth），这种养育模式在贫困家庭中更为常见，经济条件差的父母很少关注孩子的情况，对孩子的未来缺乏清晰的规划，在相处中更多依靠规矩和体罚，缺少与孩子的平等对话。

家庭和亲子关系一直是社会科学研究的重要领域，家庭成员如何在不同的情境下通过互动来定义身份、维系关系、建构意义，是家庭传播研究

① Grusky, David B., & Weisshaar, K. (eds.), *Social Stratification: Class, Race, and Gender in Sociological Perspectives* (Boulder: Westview Press, 2014), pp. 23-39.

② Duncan, G. J., Kalil, A., & Ziol-Guest, K. M., "Increasing Inequality in Parental Incomes and Children's Schooling", *Demography*, Vol. 4, No. 5, 2014: 32-46.

③ Lareau, A., *Unequal Childhoods: Class, Race and Family Life* (Cambridge: Princeton University Press, 2009), pp. 306-317.

重点关注的内容。① 有的学者对影响青少年媒介使用的家庭因素进行研究②，也有学者关注家庭权力关系、家庭媒介环境、家庭沟通模式③等影响儿童数字化成长的家庭因素。研究发现，在过去数十年里，穷孩子和富孩子之间的童年经历已经渐行渐远，在亲子关系中，父母的态度和行为已经出现明显的阶级差距，这种差距甚至已迅速扩展为无法弥合的鸿沟。

在中国，阶层差异同样普遍存在，但家庭作为一个传播场域在中国并未吸引到足够的学术关注。④ 家庭传播环境所产生的代际影响具有重要的研究价值，研究表明高文化群体和低文化群体在家庭传播环境、传播习惯和传播观念上的差异，对他们下一代之间"知沟"的形成可能具有不可避免的促进作用。⑤ 现实生活中，中国城乡家庭由于受教育程度的不同、经济收入的差异，拥有的文化资本、经济资本亦存在较大差别，这种差别以直接或间接的方式转换为数字资本差异，影响着中国城乡家庭的媒介驯化实践与家庭场域重构。

随着数字技术的不断革新，家庭成员以各类媒介为中介展开互动与传播，促进了一种新型的亲子关系与家庭权力结构的形成。传统中国家庭中，长幼有序，长辈掌握着绝对的权力，占据家庭权力中心的地位。然而，数字媒介时代，儿童经常被称为"数字原住民"，他们对智能手机等媒介技术产品的使用非常熟练，父母与子女的数字媒介使用素养差异开始凸显，甚至出现数字代沟，儿童会经常对父母进行"数字反哺"。"父为子纲"的家庭模式不断受到挑战，一场家庭内"静悄悄的

---

① Braithwaite, D. O., Suter, E. A., & Floyd, K. (eds.), *Engaging Theories in Family Communication: Multiple Perspectives* (Routledge, 2017), p. 66.

② Livingstone, S., & Bovill, M., *Children and Their Changing Media Environment: A European Comparative Study* (NJ: Lawrence Erlbaum Associates, 2001), pp. 39-50.

③ Chaffee, S. H., & Mcleod, J. M., "Adolescent Television Use in the Family Context", *Media and Technology*, Vol. 39, No. 2, 2014: 47.

④ 周裕琼、林枫：《数字代沟的概念化与操作化：基于全国家庭祖孙三代问卷调查的初次尝试》，《国际新闻界》2018年第9期。

⑤ 丁未：《西方"知沟假设"理论评析》，《同济大学学报》（社会科学版）2003年第2期。

革命"开始了。①"数字反哺"作为一种新的代际互动传播关系，受到年龄、受教育程度、性别等因素的影响，当代中国家庭中数字反哺接受者的典型画像是：年龄大、受教育程度低、女性、自我效能感低、心理障碍多的弱势群体。② 本书希望通过城乡对比，进一步了解中国城乡家庭的代际互动中，数字反哺是否存在、以哪种方式存在。

四　父母中介策略与数字区隔

正如《连线》前主编克里斯·安德森所言，现在每个人都拥有了一个互联网入口，新的数字鸿沟开始体现在对技术获取的限制上。不同阶层的父母在限制儿童媒介使用的过程中会采取不同的父母中介策略。

研究表明，父母中介理论与数字鸿沟之间有着极强的底层逻辑联系。父母如何对待媒介、如何中介孩子的手机使用、采取何种媒介中介策略，都与他们的受教育程度、经济地位密切相关。③ 受过良好教育、经济收入高的父母拥有更高的媒介素养，对子女使用数字媒介的关注更多，会更积极地选择共同观看策略，因为他们拥有更多可支配的自由时间来陪伴孩子一起观看电视。相反，受教育程度低的父母往往没有能力帮助儿童甄别互联网中良莠不齐的信息，在日常生活中对子女媒介使用的参与度更低，往往会选择让孩子自己观看电视。④

经济收入和受教育程度不仅会影响到父母中介策略的选择，也会影响到中介策略的效果。父母受教育程度低、收入较低的家庭中，限制策

---

① 周裕琼：《数字代沟与文化反哺：对家庭内"静悄悄的革命"的量化考察》，《现代传播（中国传媒大学学报）》2014 年第 2 期。

② 周裕琼、丁海琼：《中国家庭三代数字反哺现状及影响因素研究》，《国际新闻界》2020 年第 3 期。

③ Nathanson, A. I., "Factual and Evaluative Approaches to Modifying Children's Responses to Violent Television", *Journal of Communication*, Vol. 54, No. 2, 2004: 321-336.

④ Blum-Ross, A., & Livingstone, S., Families and Screen Time: Current Advice and Emerging Research (LSE Media Policy Project, 2016). Retrieved from https://scholar.google.com/scholar? hl=zh-CN&as_sdt=0%2C5&q=Blum-Ross%2C+A.%2C+%26+Livingstone%2C+S.+%282016%29.+Families+and+screen+time%3A+Current+advice+and+emerging+research.&btnG; Nikken, P., & Jansz, J., "Developing Scales to Measure Parental Mediation of Young Children's Internet Use", *Learning, Media and Technology*, Vol. 39, No. 2, 2014: 250-266.

略很容易遭到孩子的抵抗，从而造成亲子关系的紧张；在父母受教育程度和经济水平较高的家庭中，儿童面对父母的限制策略时，会选择将其内化并遵循这些规则。①

　　基于此，本书希望将对数字区隔的考察置于个人、家庭与社会相互勾连的场景中，将对人与技术关系的探讨置于更深层的社会场域和更为具体的家庭场域之中，充分考虑城乡家庭在经济资本、文化资本和社会资本三个层面上的差异，借由场域理论和驯化理论考察中国城乡家庭中手机驯化的实践差异，探讨以手机为中介的亲子关系重塑和家庭场域重构，以帮助我们更好地理解不同家庭场域中儿童的数字化成长路径。

---

①　Patterson, G. R., & Stouthamer-Loeber, M., "The Correlation of Family Management Practices and Delinquency", *Child Development*, Vol. 9, No. 12, 1994：129-130; Nikken, P., & Jansz, J., "Developing Scales to Measure Parental Mediation of Young Children's Internet Use", *Learning, Media and Technology*, Vol. 39, No. 2, 2014：250-266.

第三章　作为田野场域的中国城乡图景：
西安市与海则滩村

本书关注智能手机在中国城乡家庭中的角色差异，研究田野点选择了陕西省西安市与榆林市靖边县海则滩村两个地方。之所以选择这两个地方，非常重要的一个原因是这两个地方一个是笔者现在生活的地方，一个是笔者的故乡，两个地方都是笔者的家乡。

在家乡做田野是民族志研究者经常选择的研究路径，费孝通以自己家乡的一个村庄为研究对象写出了《江村经济》，林耀华的《金翼》、杨懋春的《一个中国村庄：山东台头》等也都是以作者自己的家乡作为考察对象和田野现场的。学者作为本地人研究家乡有着独特的优势："家乡人类学的调查者与被调查者之间不存在文化隔阂，因此更容易建立真正的信任和互相理解，不存在由身份差别导致的对话困难，调查者们不是事事需要解释的外人，他们熟知被调查的文化在文化语法上的深层结构和不言而喻的潜规则，同时又能为此提供反思性的解释。"[1]

因此，本书的田野现场选择了笔者的家乡，希望能借用更多的社会关系更快进入研究现场，收集到陌生人无法获得的信息，与研究对象展开更畅通和深入的交流，进而更好地理解具体的现实情境和文化背景。

---

[1] 赵满儿：《反思"他者"的界限：家乡人类学的叩问》，《社会科学战线》2021 年第 8 期。

第一节　西安市的区位与背景

一　西安的教育历史：重学之风源远流长

"秦中自古帝王州"，西安是世界四大古都之一，历史上先后有周、秦、汉、唐等 13 个王朝在此建都。西安地处关中平原中部，南倚秦岭，北临渭河，是古代"丝绸之路"的起点。作为中华民族的重要发祥地，西安为人类文明发展做出过巨大贡献。

今天的西安已成为中国中西部地区最具影响力的城市之一，根据《陕西统计年鉴 2023》的数据，西安市 2022 年的常住人口为 1299.59 万人，生产总值已达 11486.51 亿元，人均生产总值为 88806 元，城镇居民人均可支配收入为 48418 元。[①]

西安是中国科学研究和教育的重要基地，2022 年，西安市共有各类高等院校 75 所，其中普通高等院校 63 所，拥有在校研究生与本、专科生 101.24 万人；共有 1174 所小学，在校学生数高达 93.63 万人。[②]

西安历来重视教育，重学之风源远流长。在于西安建都的各个朝代中，西安均设有国学等教育机构，其在长达千余年的时间里一直是中国教育的中心地区。西周、西汉和唐代中央直辖的位于西安的国学堪称中国古代教育史上的三座丰碑，分别是：代表着中国奴隶社会学校教育最高成就的西周辟雍、中国最早的高等学府西汉太学以及唐代的国家高等学府"六学二馆"。唐末以后，西安在文化领域的地位随着国都东移开始下降，但属于地方官学的府、州、县学日臻兴盛，尤其是以"关学"为代表的讲学之风盛行，一时书院竞起，教育蔚兴，其影响一直延续到清末乃至民国。清末，西安开始出现教授新学、西学、实学的新型书

---

① 陕西省统计局、国家统计局陕西调查总队编《陕西统计年鉴 2023》，中国统计出版社，2023，http://tjj.shaanxi.gov.cn/tjsj/ndsj/tjnj/sxtjnj/index.html？2023。

② 西安市统计局、国家统计局西安调查队编《西安统计年鉴 2023》，中国统计出版社，2023，http://tjj.xa.gov.cn/tjnj/2023/zk/indexch.htm。

院，其秉持"中学为体、西学为用"的办学方针。中华人民共和国成立后，西安的各项教育事业亦取得了令人瞩目的进步和成就。1985 年，西安市政府制订《西安市普及九年义务制教育的实施方案》；1990 年，西安宣布实施六年制义务教育（部分城区为九年制）①；2020 年，西安市共有小学 1172 所，在校学生 85.20 万人②。

本书中西安市的研究参与者来自西安市 X 小学和 W 学校，两所学校均位于西安市城区。X 小学属于公办小学，由政府出资办学，W 学校为民办九年一贯制学校（2022 年 6 月转为公办），两所学校办学性质不同，涵盖了西安市小学的主要类型。X 小学创办于民国 15 年（1926年），最开始为私塾，只有数十名学生。民国 20 年（1931 年），成为西安市的一所中心国民学校。在近百年的办校历史中，几经更名，直到1980 年定名为 X 小学，是陕西省教育厅直属的省级示范性实验小学。2024 年，校园有教学班 30 个，在校学生 1970 人。W 学校创办于 2013年，是一所全日制、国际化的九年一贯制学校。学校包括小学部与初中部，2024 年，学校有教学班 71 个，在校学生 3000 余人。

二　西安市家庭结构流变：从大型化家庭到核心家庭

家庭结构与社会形态紧密相连，不同社会形态中家庭结构各不相同。在自然经济社会中，人们的经济生产以家庭为单位，赖以生存的生产资料是土地，每户家庭都具有高度独立性与封闭性，处于一种自给自足的状态。历史上，西安的传统家庭结构正是自然经济的产物，在这样的大型化家庭中，父辈掌握着最重要的生产资料，在家庭中占有绝对的统治地位，掌管家务大权，是封建大家庭的核心。家庭三代或四代同堂，由兄弟或堂兄弟的分支形成，大多数时间都维持在"五口之家"

---

① 西安市地方志编纂委员会编《西安市志》（第六卷·科教文卫），西安出版社，2002，http://dfz.shaanxi.gov.cn/sqzlk/xbsxz/sxdyl/xas_16198/xasz_6/201701/t20170117_841202.html。

② 西安市统计局、国家统计局西安调查队编《西安统计年鉴 2021》，中国统计出版社，2021，http://tjj.xa.gov.cn/tjnj/2021/zk/indexch.htm。

的规模。如东汉永和五年（140 年）京兆尹户均 5.36 人，唐天宝元年（742 年）京兆府户均 5.40 人。清代的家庭规模以五口之家最为常见，也有一些四世同堂、一户 10 多人的大家庭，但当时整个西安府的户均人口不足 4 人。据《咸宁长安两县续志》记载，光绪三十三年（1907 年），西安府的两个附郭县长安、咸宁城关户均 4.56 人，农村户均 6.3 人。这种传统的大型化家庭结构一直延续到民国时期都未发生太大变化，1944 年西安有 87124 户，平均每户 4.5 人。①

随着工商业的不断发展，社会进入更依赖交换的商品经济时期。此时的生产要素和消费资料不再掌握在父辈手中，而是需要通过市场交换来获得。家庭生活不再受一家一户土地的束缚，大家庭逐步分化进而小型化。20 世纪 70 年代，随着新中国成立后出生的子女开始成年并独立成家，原有大型化家庭结构开始解体，并逐渐转变为以夫妇为主体、附有子女的核心家庭。核心家庭是现代经济发展的产物，作为家庭主体的夫妻双方往往都有工作，地位较为平等，家中有 1~2 个孩子。在这个新型的家庭结构中，户均人口数量下降，家庭规模趋于小型化。1983 年，西安户均人口降到 4 人，打破了传统五口之家的规模。至 1990 年西安市城市人口有 559534 户，平均每户只有 3.22 人。到 2020 年，西安市共有家庭户 4504766 户，平均家庭户规模仅为 2.45 人。②

第二节　海则滩村的区位与背景

一　海则滩村基本情况

海则滩村隶属中国陕西省榆林市靖边县海则滩镇，地处陕西北部，距西安市 480 公里。海则滩镇地处中国四大沙地之一的毛乌素沙地南

---

① 西安市地方志编纂委员会编《西安市志》（第一卷·总类），西安出版社，1996，第 502 页。

② 西安市统计局、国家统计局西安调查队编《西安统计年鉴 2021》，中国统计出版社，2021，第 76 页。

缘，地势平坦，毛乌素沙地正是因海则滩镇毛乌素自然村而得名。海则滩镇北邻红墩界镇、黄蒿界镇，南接张家畔街道、杨桥畔镇，西接内蒙古乌审旗无定河镇，东连横山区塔湾镇。海则滩村总土地面积为49平方公里，其中有林草地5.5万亩、耕地1.4万亩、天然湿地4000余亩。根据2019年的统计数据，海则滩村共有7个村民小组，常住人口为1012人。①

图 3-1 海则滩村

资料来源：笔者拍摄。

2021年，海则滩村的农业总产值为951.8万元，农民人均纯收入达1.96万元。马铃薯、玉米种植，猪、羊养殖等是当地村民的主要经济来源。海则滩村种植业较为发达，有标准化马铃薯种植基地3400亩、玉米种植基地2800亩、红薯种植基地600余亩，粮食总产量达1152吨。② 村里建有万头生猪育肥养殖示范基地，大多数村民也会在自己家

---

① 靖边县人民政府网站，http://www.jingbian.gov.cn/search.ht-ml? keywords＝海则滩 &tab＝sortType＝time，最后访问日期：2022年1月13日。

② 靖边县人民政府网站，http://www.jingbian.gov.cn/search.ht-ml? keywords＝海则滩 &tab＝sortType＝time，最后访问日期：2022年1月13日。

中养殖羊和猪。据驻村干部统计，该村 2021 年羊的饲养量达 23023 只，生猪饲养量为 38188 头。

除了在家务农，部分村民也会选择外出打工。海则滩村地下蕴藏着大量的煤炭（沙炭）、岩盐等矿产，且交通便利，村内道路硬化率已达到 100%，周围包茂高速、陕蒙公路、106 省道、蒙华铁路和靖神铁路纵横交错，凭借这些优势，海则滩村已成为靖边县煤炭运输承东启西、连南通北的重要枢纽之地。① 因此，海则滩村部分村民尤其是中年男性往往会从事与煤炭运输相关的职业，"开大车"已成为当地村民普遍的非农就业选择和重要的经济来源。

二 海则滩村家庭结构与人口流动

改革开放以来，中国经济快速增长，城镇化带来了全国范围内的城乡人口流动与迁移，这种城乡迁移成为农村贫困人口实现非农就业、改善生活状况的一个重要途径。

已有研究显示，资源禀赋、地理位置、基础设施和教育条件是决定农村人口迁移的关键因素，生活在边缘、偏远和资源缺乏地区的人们更有可能加入城乡迁移的队伍。② 海则滩村虽然地处我国最贫穷的陕北地区，但在田野调查中我们发现，海则滩村的家庭结构相对稳定，村民外出打工的积极性普遍不高，即便外出打工，大多数人也会选择在县城周边地区打零工，极少有人会选择跨省流动。

海则滩村虽然位于毛乌素沙地南缘，但辖内地势平坦、水资源丰富，其正是因辖内大大小小 300 多个海子（沙漠里的小湖泊）而得名。依托自然资源和生态优势，大多数村民依靠种地或养殖能够满足日常生活需求，该村 2021 年常住人口人均可支配收入达 1.89 万元，居全县第

---

① 靖边县人民政府网站，http://www.jingbian.gov.cn/search.ht-ml？keywords＝海则滩&tab＝sortType＝time，最后访问日期：2022 年 1 月 13 日。

② 姚树洁、吴斌、宋林：《中国贫困地区的空巢村庄：陕北农村迁移的案例研究》，《当代经济科学》2010 年第 4 期。

三。[①] 此外，依托区位优势和丰富的煤炭资源，海则滩村周围已建成两个煤炭运输集运站和物流集散中转站，提供了大量就业门槛低、收入高的工作岗位，一个开大车的司机每月工资能达到1万~2万元，很好地满足了当地村民的非农就业需求。

正因如此，海则滩村的人口流动大多是劳动力的近距离、短期迁移，而非家庭的整体迁移。家庭中外出打工的大多是男性成员，作为家庭主要劳动力，他们处于一种亦农亦工的状态，农忙时在家务农，农闲时外出打工。由于打工地点大多离家较近，他们并不会长期缺席家庭生活。家庭中的女性成员则很少外出务工，她们作为固定成员长期在家照顾孩子并兼顾务农。因此，当地家庭结构并未像中国许多村庄一样出现空心化的问题，也少有儿童因为父母在外务工而留守乡村。家庭结构方面，海则滩村的家庭中以夫妻为核心、三代同住的情况非常普遍。当地"养儿防老"的传统观念盛行，老人们大多选择与儿女一起居住，在身体条件允许的情况下帮子女干农活、照顾孙辈，当他们年龄越来越大、生活无法自理的时候，也能得到子女的生活照顾和情感支持。

三　海则滩村的教育现状

随着中国城镇化的不断推进，农村学龄人口逐渐从农村向乡镇和县城转移，乡村小学逐渐减少甚至消失，许多地方出现"城挤乡空"的基础教育发展困局。海则滩村隶属于陕西省靖边县，2021年，该县共有小学43所，在校小学生达47924人。[②]

与中国许多农村一样，海则滩村目前没有小学，原有的村办小学由于学生太少，在2003年被撤并到附近的海则滩乡镇小学，该小学后来被改为一所九年一贯制学校——H学校。九年一贯制学校是根据《中华

---

① 靖边县人民政府网站，http://www.jingbian.gov.cn/search.html? keywords = 海则滩 &tab = sortType = time，最后访问日期：2022年1月13日。

② 榆林市统计局、国家统计局榆林调查队编《榆林统计年鉴2022》，中国统计出版社，2022。

人民共和国义务教育法》中实行九年义务教育制度的规定而建的，学校为适龄儿童及青少年提供小学和初中一体化的基础教育，即学生在小学毕业后可直接升入本校初中。

H 制学校由 3 座二层小楼组成，2024 年有 9 个教学班，共有 242 名在校生、31 名教师，为海则滩镇 7 个行政村的学龄儿童提供了基础的教育资源。[1] 在农村地区，即使是同一县城内的村庄，由于自然资源、地理位置、基础设施建设和教育资源等条件的差异，每个村庄的人口迁移情况也各有不同。其中，教育是人口流动的关键因素，孩子步行到学校的距离是影响人口迁移的重要因素。H 学校距离海则滩村委会不到 1 公里，大多数孩子步行不到半小时就能到达学校，因此，村里学龄儿童大多选择在此上学，这也在一定程度上保证了海则滩村人口的相对稳定。

第三节　研究方法

大量实证研究证明，深度访谈等定性研究方法最适合家庭与媒介技术关系的相关研究。[2] 为了更好地回答研究问题，本书使用了深度访谈和非参与式观察两种研究方法。首先，分别在陕西省西安市和海则滩村两个田野现场进行非参与式观察，去捕捉、记录智能手机进入当代中国城乡家庭后带来的具体而细微的变化，通过在鲜活家庭场域的非参与式观察，全方位呈现中国城乡家庭内部的媒介生态情境与传播实践方式。其次，通过深度访谈进一步探索智能手机与家庭成员之间彼此互动、相互博弈的复杂关系以及手机在中国城乡家庭中的角色差异，并探讨这种差异给家庭场域、亲子关系等带来了怎样的影响。本书希望通过两种研究方法对儿童的数字化成长过程进行更为全面和深入的考察。

---

[1] 数据由 H 学校受访教师提供。

[2] Morley, D., & Silverstone, R., "Domestic Communication—Technologies and Meanings", *Media, Culture & Society*, Vol. 12, No. 1, 1990: 31-55; Ling, R., & Thrane, K., "'I Don't Watch TV to like Learn Anything': The Leisure Use of TV and the Internet", *First Monday*, Vol. 7, No. 1, 2002: 61-78.

一 前期调研

本书研究中的田野调查最早始于 2019 年 12 月，为了进一步细化研究选题，保证研究的顺利进行，笔者提前进入田野现场，为后期研究的顺利开展做准备。

在前期调研中，笔者首先来到了陕西省靖边县海则滩村，进入了本书研究中第一个田野家庭 G 大哥家，在他们家进行了为期两个多月的非参与式观察，记录了他们家所有成员与手机有关的使用行为和生活方式，并根据观察情况进一步细化深度访谈提纲。在 G 大哥的帮助下，笔者认识了更多的研究参与者，在与研究参与者建立关系的基础上，选取合适的访谈对象进行深度访谈，进而为本书的顺利写作提供了重要的支持。本书对父母与儿童的访问是分别进行的，所有对儿童的访问事先都征得了其父母双方的同意并请父母签署了授权同意书。

二 研究参与者

（一）研究参与者基本情况

本书的研究分别在陕西省西安市和陕西省靖边县海则滩村各招募十个家庭参与研究，选择一年级到六年级的小学生及其家长作为研究的参与者。本书的研究之所以选择小学生及其家长作为研究参与者，首先是因为小学生的年龄分布在 6~13 岁，是目前儿童首次接触手机的主要年龄段；其次是因为小学阶段的孩子正处在儿童期，他们的媒介使用行为受家长影响明显，同时，家长对该阶段儿童手机使用的介入程度高，手机在亲子关系中扮演着重要的角色。此外，小学生已具有比较好的独立表达能力，有利于研究的顺利完成。

在中国，城乡的划分在一定程度上对应着受教育程度、经济收入和社会地位的群体差异。西安市和海则滩村两地的家庭无论是受教育程度还是社会地位均存在显著的城乡差异，以两地作为田野现场，能够为本书的研究提供具体的现实情境。

（二）如何与研究参与者相遇？

面对一个陌生的田野、陌生的空间，我们如何进去？本书的田野现场是家庭，现代家庭具有较强的私密性，如何找到研究对象、如何进入家庭现场开展研究是此次田野面临的首要问题。此外，西安市与海则滩村两地在社会关系、文化习惯、行为方式等方面都存在明显差异，是两个截然不同的田野现场，研究者需要结合研究对象的具体情况采取不同的进入路径与沟通策略。

（三）自上而下："入场"海则滩村

田野调查中，"入场"的第一步是找到守门人并与其"过招"。无论是哪一种田野现场，都一定会碰到"守门人"（gatekeeper）。他可能是当地位高权重的管理者，也有可能是社会经验丰富的普通人，他们是决定研究者能否顺利进入田野的关键人物。

笔者在研究中遇到的第一位"守门人"是海则滩镇的 Z 镇长，他是笔者爱人的小学同学，在他的帮助下笔者顺利找到了海则滩村第一户研究对象——G 大哥家，家里有两个孩子，女孩 GJY 读六年级，弟弟 GJT 读三年级，父母二人都在家务农。最初来到 G 大哥家，一家人认为笔者是领导的朋友，对我非常热情，非常"配合"地回答笔者提出的各种问题，他们会有意识地把"最好的一面"展示出来。比如，聊到家庭收入时，G 大哥会提到镇领导对他们的关心，详细讲述领导如何帮助他们脱贫。当镇长告诉他们笔者的研究意图时，他们将此理解为笔者是来调查孩子们沉迷手机游戏的情况的。于是，在接下来的几天时间里，只要孩子们拿起手机，L 姐（G 大哥的妻子）就会说"阿姨在呢，怎么能玩手机呢？""阿姨是大学老师，别让阿姨笑话""快点写作业去"……正因如此，两个孩子对笔者的态度从最初的好奇变成了抗拒，因为笔者的到来，他们不能玩手机，也不能看电视。因此，最开始的访谈并不顺利，G 大哥和妻子对笔者的到来有着较强的防备，他们努力展示着自认为"好"的生活。两个孩子对笔者也非常抵触，他们会刻意躲开甚至拒绝和笔者说话。

研究过程中，研究对象面对陌生的研究者，会本能地营造一个更为理想的自我，即戈夫曼所说的"前台"，这种情况在田野调查中非常普遍。为了看到家庭生活中更为真实的"后台"，必须努力取得研究对象的充分信任。只有他们完全放下戒备敞开心怀，我们才能真正做到"入场"。要做到这一点并不容易，不仅需要沟通技巧，更需要时间、耐心与真诚。

（四）滚雪球：妈妈们的关系网

本书中西安市的研究对象来自两所学校：X 小学和 W 学校。笔者在 W 大学任教，W 学校是 W 大学的附属学校，笔者的女儿在该校就读三年级。或许是与家庭中的父母同为学生家长的缘故，笔者非常顺利地找到了孩子在 W 学校就读的愿意参与研究的五个家庭，并在其中一位妈妈的帮助下联系到了另一所学校 X 小学的五个访谈家庭。这位妈妈在一家商业银行上班，她同事家的孩子在 X 小学上学。依靠妈妈们的关系网，通过"滚雪球"的方式，笔者很快确定了十个愿意参与研究的家庭。

西安市与海则滩村是两个完全不同的田野现场，在海则滩村开展田野调查时，笔者顺利进入了所有研究对象的家中，得以在具体、生动的家庭环境中展开研究。与之不同，西安市的许多家长对研究者要进入家庭心存顾虑，甚至有家庭在确定参加研究后临时改变主意。在十组研究对象（一个家庭的家庭成员为一组研究对象）中，共有四个家庭不同意研究者进入他们的家庭，另有一个家庭以研究会打扰他们的正常家庭生活为由选择中途退出，因此，这五个家庭的访谈全部是在学校门口、咖啡厅、餐厅等场所完成的。

本书的研究需要进入研究参与者的家庭，这必然会给他们的日常生活带来各种各样的影响，但是所有研究参与者都对笔者这个"陌生人"予以极大的包容，他们给予了笔者莫大的善意与充分的信任，正是他们的支持才使这项研究能够如此顺利地完成。

当然，无论是乡村还是城市，研究者的"入场"都一定会给田野现场带来改变，就像向平静的湖面投入石子必定会出现涟漪一样。作为研究者，要具备基本的研究素养，充分尊重研究对象的意愿，并以恰当的身份和方式在研究对象家庭中展开研究。但是，我们不能苛求研究者对研究现场毫无影响，要求湖面始终保持平静，毕竟每个研究者都是一个活生生的人。相反，我们应该重视研究者给现场带来的变化，重视湖面泛起的层层涟漪，把这种变化本身视为研究内容，并在变化的情境中展开进一步的研究与思考。

三　非参与式观察

无论是手机的驯化过程，还是手机中介的亲子关系，都是多向的、复杂的，存在于日常的家庭互动细节之中。研究者需要进入研究参与者的家庭现场，通过观察仔细捕捉家庭生活中更多的细节，获取更多关于在自然场景下发生的行为的数据和记录，最大限度地保留亲子之间复杂、多向、微妙的互动关系，从而帮助本书更好地呈现城乡家庭亲子关系中儿童手机实践的日常图景，了解手机在不同亲子关系中的角色差异并分析差异背后的原因。

（一）四个田野家庭

为深入考察智能手机在城乡家庭亲子关系中的角色差异，本书在西安市和海则滩村各选择了两个家庭作为非参与式观察的地点，在城市和乡村的不同家庭中观察、记录、收集数据，为进一步开展深度访谈提供充分的田野信息，从而帮助我们更好地理解数字时代智能手机与城乡家庭之间的关系。

这四个家庭分别为西安市的小 Y 家（2 号家庭）和小 R 家（8 号家庭）以及海则滩村的小 L 家（6 号家庭）和小 G 家（1 号家庭）。西安市 2 号家庭有两个孩子，男孩 YZC 和他的妹妹 YZT（小 Y），在西安市所有的访谈对象中，YZC 是唯一一个自己拥有手机的儿童。YZC 的父亲在事业单位上班，母亲在外企工作，两人均为硕士研究生学历，家庭月收入在 2 万~3 万元。小 Y 的姥姥和他们一起居住，帮助小 Y 的妈妈照顾孩子、打理家务，这种祖代、父代和子代共同生活的家庭结构在西安市家庭中较为常见，本书研究中的十个家庭中有四个家庭都是三代共同生活的。西安市 8 号家庭是一个典型的三口之家，女孩 RGY 和她的父母一起生活，父亲本科毕业，自己经营生意，母亲是大学老师，博士研究生学历，家庭月收入为 3 万~5 万元。

海则滩村 6 号家庭是小 L 家，他们家有四个孩子，大女儿 LWY 已经考上大学，平时不住在家里，其余三个孩子分别是 13 岁的女孩 LWL、9 岁的女孩 LWJ 和 7 岁的男孩 LWQ（小 L），小 L 的父母都是小学毕业，以务农为生，家庭年收入为 4 万~6 万元。海则滩村 1 号家庭有两个孩子，12 岁的女孩 GJY 和 10 岁男孩 GJT（小 G），父亲中专毕业，从事煤炭运输工作，母亲初中毕业，大多数时间在家务农、照顾孩子，偶尔会打打零工，家庭年收入为 10 万~12 万元。

四个家庭中有独生子女家庭也有多子女家庭，有父代与子代组成的小型家庭也有三代同住的家庭，有受教育程度高的博士家长也有小学毕业的家长，无论是家庭结构还是家长受教育程度或经济收入水平，四个家庭的情况都各不相同，能够为本书研究的观察提供较为充分的、差异化的研究样本。同时，将重点放在具体的四个家庭上能够有效避免顾此失彼，有助于研究者与研究参与者之间建立更为紧密的关系，帮助研究者更深入地沉浸在观察研究中。

观察期间，研究者尽量不打扰研究参与者的日常生活，尽最大可能保持研究参与者像往常一样的自然生活状态，研究者仅作为观察者和陪伴者出现在田野家庭中，观察不同家庭的智能手机使用行为，用田野日记详细记录研究参与者使用手机的时间、平台、内容、方式等基本信息，以及家庭场域中的具体空间、交流方式、语境场域、情绪态度、身体动作和面部表情等细微的现场信息，为后续的研究提供生动而具体的田野材料。

（二）田野调查时间

本书的田野调查时间为从 2019 年 12 月到 2022 年 5 月（见表 3-1、

表 3-2），受新冠疫情影响，田野调查时间较为分散。笔者先后五次去往海则滩村，调查时间共计 149 天。其中，持续时间最长的一次是 2020 年 12 月到 2021 年 2 月，笔者和研究助手在海则滩村与小 L 一家人共度了春节。西安市的田野调查时间为从 2020 年 5 月到 2022 年 4 月（见表 3-2）。

表 3-1　海则滩村田野调查时间

田野时间	2019 年 12 月到 2020 年 2 月	2020 年 7~9 月	2020 年 12 月到 2021 年 2 月	2021 年 7~9 月／2022 年 5 月
田野地点	海则滩村 1 号家庭	海则滩村 1~5 号家庭	海则滩村 6~10 号家庭	海则滩村 1 号、3 号、4 号、7 号、9 号、10 号家庭
田野内容	1. 熟悉海则滩村基本情况 2. 联系访谈对象 3. 在 1 号家庭开展预调查	1. 在 1 号家庭进行非参与式观察 2. 对 1~5 号家庭成员进行访谈	1. 在 6 号家庭进行非参与式观察 2. 对 6~10 号家庭成员进行访谈	1. 回访 1 号、6 号家庭 2. 对田野家庭的部分成员再次进行访谈

表 3-2　西安市田野调查时间

田野时间	2020 年 5~6 月/2020 年 10~12 月	2021 年 3~6 月/2021 年 10~11 月	2022 年 4 月
田野地点	西安市 1~6 号家庭	西安市 7~10 号家庭	西安市 2 号、8 号家庭
田野内容	1. 熟悉 1~6 号家庭情况 2. 在 1 号、2 号、4 号、5 号家庭中进行非参与式观察，其中对 2 号家庭做重点观察 3. 确定访谈对象，对六个家庭的家庭成员分别进行访谈	1. 熟悉 7~10 号家庭情况 2. 在 8 号家庭中进行非参与式观察 3. 确定访谈对象，对四个家庭的家庭成员分别进行访谈	1. 回访 2 号、8 号家庭 2. 在 2 号、8 号家庭中进行非参与式观察

由于本书中访谈的儿童均为小学生，他们的日常作息时间在学期内和寒暑假有着非常明显的差异，并且这两个不同的时间段内儿童的手机使用情况也各不相同，因此，本书的整个调查周期涵盖了儿童学期内工作日、周末和寒暑假等不同的时间段。此外，本书的非参与式观察大多在白天进行，每次观察的时间长度根据研究参与者的时间表和具体情况而定，尽量保证观察时间在 8~12 个小时。研究者在研究参与者晚上睡觉前会离开对方家庭，夜间的相关研究数据来源于研究参与者的自我讲

述和手机设备记录的屏幕时间等数据。

四 深度访谈

在对研究参与者进行非参与式观察的基础上，本书的研究在家庭或日常生活环境中对研究参与者开展情境化的、半结构化的深度访谈，以期更深入地了解研究参与者，获取更生动丰富的经验材料和数据。访谈问题设计以开放式问题为主，对父母和儿童分别进行采访，以便他们能够在访谈中不受彼此的影响。研究人员需要根据访谈的具体情况灵活展开对话，对访谈中出现的有用信息进行及时跟进和进一步的讨论。

本书研究开展的时间刚好与新冠疫情暴发的时间重合，在 2019 年 12 月到 2022 年 5 月的两年多时间里，疫情反反复复，我们的日常出行与生活或多或少都受到了影响。但本书研究所有访谈均为线下进行，海则滩村的访谈大多是在研究参与者的家里完成的，西安市的访谈则多在咖啡厅、餐厅等公共场合完成。

（一）访谈对象

本书的访谈对象为陕西省西安市和榆林市靖边县海则滩村一年级至六年级的小学生及其家长，通过目的抽样在两地各选择了十个家庭参与研究。研究参与者包含不同年龄、不同性别的儿童，有独生子女和多子女家庭的儿童，也包括不同类型的家庭结构中的儿童：与父母一起生活的儿童、与父亲或母亲一方生活的儿童、由祖父母单独抚养的儿童以及由父母和祖父母共同抚养的儿童等。

访谈对象具体情况见表 3-3、表 3-4、表 3-5、表 3-6。

表 3-3 海则滩村访谈对象（儿童）基本情况

家庭序号	访谈对象	年龄（岁）	性别	年级	访谈地点	是否拥有自己的手机	家庭常住成员（作为访谈对象的儿童除外）	接受访谈的家长
1	GJY/GJT	12/10	女/男	六/三	家里	是/否	父母	父母

续表

家庭序号	访谈对象	年龄（岁）	性别	年级	访谈地点	是否拥有自己的手机	家庭常住成员（作为访谈对象的儿童除外）	接受访谈的家长
2	ZK	13	男	六	家里/假期辅导班	是	母亲、姐姐	母亲
3	LWB	10	男	三	家里	是	爷爷、奶奶、父母、弟弟	奶奶、父母
4	XMQ/XLZ	11/7	男/男	五/二	家里	否/是	父母、弟弟	父母
5	ZJX	7	男	一	家里/假期辅导班	否	母亲、姐姐	母亲
6	LWL/LWJ/LWQ	13/9/7	女/女/男	六/三/一	家里	否/否/是	奶奶、父母	奶奶、父母、姐姐
7	CQY	12	女	五	家里/假期辅导班	是	爷爷、父母、姐姐	母亲
8	SRH	9	女	二	家里	否	父母、弟弟	父母
9	ZYG/ZJW	12/11	男/女	六/四	家里	是/是	父母	父母
10	MYX	11	男	四	家里	是	父母、姐姐	母亲、姐姐

表 3-4　海则滩村访谈对象（家长）基本情况

家庭序号	访谈对象	年龄（岁）	职业	学历	月收入（万元）	访谈地点
1	GJY/GJT 的父亲	35	司机	中专	1.0~1.2	家里
1	GJY/GJT 的母亲	36	务农	初中	无固定收入	家里/辅导班
2	ZK 的母亲	39	务农	小学	无固定收入	家里
3	LWB 的奶奶	69	务农	无	无固定收入	家里
3	LWB 的父亲	43	工人	小学	0.5~0.7	家里
3	LWB 的母亲	39	务农	初中	无固定收入	家里
4	XMQ/XLZ 的父亲	40	务农	初中	无固定收入	家里
4	XMQ/XLZ 的母亲	36	务农	高中	无固定收入	家里
5	ZJX 的母亲	33	务农	初中	无固定收入	家里

续表

家庭序号	访谈对象	年龄（岁）	职业	学历	月收入（万元）	访谈地点
6	LWL/LWJ/LWQ 的奶奶	72	务农	无	无固定收入	家里
	LWL/LWJ/LWQ 的母亲	43	务农	小学	无固定收入	家里
	LWL/LWJ/LWQ 的父亲	47	务农	小学	无固定收入	家里
	LWL/LWJ/LWQ 的姐姐（LWY）	19	无	本科在读	无收入	线上
7	CQY 的母亲	36	务农	小学	无固定收入	家里
8	SRH 的母亲	32	零工	初中	0.25~0.3	家里
	SRH 的父亲	35	司机	初中	1.5~1.8	家里
9	ZYG/ZJW 的母亲	38	务农	小学	无固定收入	家里
	ZYG/ZJW 的父亲	43	务农	小学	无固定收入	家里
10	MYX 的母亲	46	务农	高中	无固定收入	家里
	MYX 的姐姐	20	无	本科在读	无收入	家里

表 3-5　西安市访谈对象（儿童）基本情况

家庭序号	访谈对象	年龄（岁）	性别	年级	访谈地点	是否拥有自己的手机	家庭常住成员（作为访谈对象的儿童除外）	接受访谈的家长
1	RGY	10	女	三	家里	否	父母	母亲
2	YZC/YZT	12/9	男/女	六/三	家里	是/否	父母、姥姥	父母
3	LYT	10	女	四	咖啡厅	否	母亲	母亲
4	GHY	7	男	一	家里	否	父母、姥姥	姥姥、母亲
5	QYJ	9	女	二	家里	否	姥姥、姥爷	姥姥
6	WCJ	11	男	五	咖啡厅	否	父母	父母
7	JYC	8	男	二	餐厅	否	父母、奶奶	父母
8	ZLY	11	女	五	家里	否	父母	父母
9	HWY	12	女	六	校门口	否	父母、弟弟	父母
10	HYQ	10	男	四	餐厅	否	父母、姥姥、姥爷	父母、姥姥

表 3-6　西安市访谈对象（家长）基本情况

家庭序号	访谈对象	年龄（岁）	职业	学历	月收入（万元）	访谈地点
1	RGY 的母亲	39	高校教师	博士研究生	1.2	家里
2	YZC/YZT 的母亲	43	外企	硕士研究生	1.5~2.0	家里
2	YZC/YZT 的父亲	44	事业单位	硕士研究生	1.3	家里
3	LYT 的母亲	37	会计	本科	0.8~1.0	咖啡厅
4	GHY 的姥姥	58	退休	高中	0.3	家里
4	GHY 的母亲	32	银行	本科	0.6~0.8	家里
5	QYJ 的姥姥	63	退休	中专	0.35	家里
6	WCJ 的母亲	40	律师	硕士研究生	13~1.5	咖啡厅
6	WCJ 的父亲	39	程序员	硕士研究生	1.8~2.2	咖啡厅
7	JYC 的父亲	38	私企	本科	2.5~3.0	餐厅
7	JYC 的母亲	36	全职主妇	本科	无收入	餐厅
8	ZLY 的父亲	39	高校教师	博士研究生	1.3	家里
8	ZLY 的母亲	36	高校教师	博士研究生	0.85	家里
9	HWY 的母亲	31	私企	本科	0.5~0.6	校门口
9	HWY 的父亲	44	私企	本科	1.3~1.5	校门口
10	HYQ 的父亲	39	媒体	本科	0.8	餐厅
10	HYQ 的母亲	38	媒体	硕士研究生	0.8~1.0	餐厅
10	HYQ 的姥姥	67	无	初中	无收入	餐厅

（二）访谈提纲

1. 关于手机驯化的访谈

该访谈内容基于 Silverstone 的技术驯化理论框架（占有、客体化、并入、转化）和 Livingstone 提出的 ICT 在家庭驯化中的四个维度（必要性、控制、功能性、社会性/隐私），主要考察不同家庭对于智能手机的驯化实践。访谈问题主要涉及：家庭中不同的人对手机的使用行为（占有、客体化、并入、必要性、功能性）、父母和儿童对彼此手机使用的态度和观点（转化、社会性/隐私）以及父母对儿童媒介使用的介入和影响（控制）。对家长和儿童的访谈提纲略有不同，具体访谈问题见表 3-7、3-8。

表 3-7　手机驯化访谈提纲（家长）

1. 你是否会给孩子购买手机？会出于什么原因给孩子购买手机？
2. 如果要购买手机，谁来决定？谁出钱？
3. 你觉得孩子使用手机利大于弊还是弊大于利？
4. 买了手机之后，家里谁负责制定手机使用规则？你是否会和孩子一起商量制定使用规则？
5. 你能讲述一下你/孩子从起床到睡觉所使用手机的具体过程吗？
6. 你是否与你的孩子谈论所使用的 App 以及接触的具体内容？
7. 你是否会具体规定孩子使用手机的场所、时间等？
8. 你是否知道孩子通常使用手机做什么？是否会干预？
9. 你通常会以什么样的方式干预孩子的手机使用？家里谁对孩子使用手机的行为参与度更高？
10. 你与孩子之间因为手机爆发过矛盾或冲突吗？
11. 你觉得孩子使用手机会影响家庭交流和亲子关系吗？
12. 什么情况下你会主动让孩子看手机？

表 3-8　手机驯化访谈提纲（儿童）

1. 你有手机吗？具体介绍手机的型号、价格等
2. 谁给你买的手机？要经过谁的同意才能买手机？谁付钱？
3. 你觉得使用手机利大于弊还是弊大于利？
4. 买了手机之后，家里谁负责制定手机使用规则？父母是否会和你一起商量制定使用规则？
5. 你能讲述一下你从起床到睡觉所使用手机的具体过程吗？
6. 父母是否与你谈论所使用的 App 以及接触的具体内容？
7. 如果手机从你的生活中消失，你会有什么感觉？
8. 父母是否知道你通常使用手机做什么？是否会干预？
9. 你是否知道父母拿手机在做什么？你是否愿意与父母分享你感兴趣的手机内容？
10. 你希望父母以哪种方式参与管理你的手机使用？
11. 你与父母之间因为手机爆发过矛盾或冲突吗？
12. 你觉得使用手机会影响你与父母的交流和感情吗？

2. 关于手机使用与数字鸿沟的访谈

为了更好地探讨手机在城乡家庭中的角色差异，该部分的访谈内容重点考察城乡家庭媒介使用的差异。

具体访谈内容见表 3-9、3-10。

表 3-9　中国城乡家庭场域媒介使用访谈提纲（家长）

概念	维度	问题/想了解的内容
家庭基本情况	基本个人信息	性别、年龄、家庭所在地等
	经济收入	1. 月收入 2. 用于孩子的开支（重点了解孩子的教育支出）
	文化水平	家长的受教育程度
接入沟	拥有媒介设备的情况	1. 家里是否有手机、计算机、平板电脑等设备？ 2. 日常使用设备的优先级排序
	网络接入情况	1. 家里是否能上网？网速如何？ 2. 手机网络使用情况
使用沟	使用时间	1. 自己每天使用手机的时长，使用的具体时间段 2. 孩子每天使用手机的时长以及具体时间段
	使用内容	1. 主要用手机做什么？ 2. 请列举最常使用的五个 App 3. 孩子经常拿手机做什么？请列举最常使用的五个 App
	使用方式	1. 是否会和孩子一起共享手机？ 2. 是否会和孩子交流观看的内容？ 3. 是否有其他伴随行为（吃饭、写作业、做家务等）？
	使用技能	1. 能否熟练使用手机？ 2. 你的手机使用技能比孩子高还是低？在日常的手机使用中，你和孩子之间是否会相互交流手机使用技能方面的问题？
父母介入儿童手机实践	态度	1. 你觉得孩子使用手机好处多还是坏处多？ 2. 你对孩子使用手机最大的担忧是什么？ 3. 你觉得父母是否应该介入孩子的手机使用？ 4. 你认为手机对亲子关系有什么样的影响？ 5. 你觉得父母的文化水平、经济收入等是否会影响孩子的手机使用？
	行为	1. 你是否会限制孩子使用手机的时长？怎么限制？ 2. 你是否会干预孩子手机使用内容？你更希望孩子用手机干什么？ 3. 你是否会给孩子讲解关于如何更好地使用手机的知识？ 4. 你是否和孩子一起使用手机？

续表

概念	维度	问题/想了解的内容
父母介入 儿童手机实践	孩子的态度	当你限制孩子手机使用时间和使用方式的时候，孩子是否会听你的意见并做出改变？

表 3-10　中国城乡家庭场域媒介使用访谈提纲（儿童）

概念	维度	问题/想了解的内容
基本情况	个人信息	年龄、就读学校、所在年级等
接入沟	拥有媒介 设备的情况	1. 自己是否独立拥有手机、计算机、平板电脑等设备？ 2. 日常使用设备的优先级排序 3. 目前没有但最想拥有的电子设备是什么？
	网络接入的情况	1. 家里是否能上网？网速如何？ 2. 父母是否会限制你的手机流量？
使用沟	使用时间	你每天使用手机的时长、使用的具体时间段
	使用地点	你经常在什么地方看手机？
	使用内容	1. 你主要用手机做什么？ 2. 请列举最常使用的五个 App
	使用方式	1. 是否会和父母一起共享手机？ 2. 是否会和父母交流观看的内容？ 3. 是否有其他伴随行为（吃饭、写作业等）？
	使用技能	1. 能否熟练使用手机？ 2. 你的手机使用技能比爸妈高还是低？如果你有不懂的问题会请教爸爸妈妈吗？
儿童对手机 使用的态度 和行为	态度	1. 你觉得使用手机好处多还是坏处多？ 2. 你觉得手机最吸引你的地方是什么？ 3. 你觉得手机可能有的危害是什么？ 4. 你觉得父母是否应该介入孩子的手机使用？ 5. 你的父母如何管理你的手机使用？ 6. 你觉得父母掌握更多关于手机的知识吗？你和父母谁对智能手机的使用更熟练？ 7. 你觉得父母的手机使用习惯是否会影响你？ 8. 你希望父母如何管理你的手机使用？
	行为	1. 爸妈是否会限制你使用手机的时长？你是否会听父母的建议？ 2. 父母是否会限制你手机的观看内容？你是否会听父母的建议？ 3. 你是否会和爸妈沟通关于如何更好使用手机的话题？ 4. 你是否会教父母如何使用手机？ 5. 你是否会向父母询问手机使用的相关知识？ 6. 你是否会与父母分享你喜欢的手机内容？

五　研究伦理

本书的田野现场是研究参与者的家庭，研究数据的收集工作大多需要在研究参与者家里进行，研究人员在研究过程中要参与到研究对象的家庭生活之中，且研究涉及对多个不同家庭环境的观察，因此，研究人员要有较强的反省意识，以恰当的身份进入研究对象的家庭，在与研究对象展开互动的同时不跨界干涉对方的生活。

同时，由于本书涉及儿童，研究者必须保持高度的伦理敏感，对于所有涉及敏感问题或隐私的访谈内容，进行访谈前必须征得儿童监护人的同意并请其签署授权同意书。访谈前与儿童监护人充分沟通访谈提纲，确保家长清楚了解研究者与儿童对话的内容。研究过程中，保证所有研究参与者全部匿名，所有访谈数据被安全存储和使用。

第四章　中国城乡家庭的手机驯化实践

　　驯化视域下的智能手机并不是简单的信息通信技术产品或数字移动设备，它本身携带了强烈的个人情感和象征意义。一方面，智能手机进入家庭生活后，带来了亲子间更为便捷的实时沟通和更为频繁的情感交流，有效增强了家庭凝聚力；另一方面，亲子之间对于智能手机的定位、期待、使用方式等存在显著差异，由此引发了亲子关系的紧张。不同类型的家庭会赋予手机不同的意义，每个家庭在技术使用与家庭互动的过程中不断沟通、协商，最终构建出一套属于自己的互动模式和家庭文化，为家庭生活带来了更多的可能性。

第一节　占有：技术采纳与个人决定

一　占有动机："育儿工具"还是"学习工具"？

　　今天，智能手机在日常家庭生活中随处可见。随着通信技术的快速发展，智能手机的价格逐渐下降，大多数中国家庭都有经济能力购买智能手机，手机已成为大多数家庭的日常消费品，城乡家庭之间在手机接入层面的差距逐渐消弭，但是城乡家庭的购买力依然存在明显差距。调研中发现，西安市的家庭大多使用苹果、华为手机，价位从三四千元到上万元不等。海则滩村村民则大多选择购买荣耀、OPPO、vivo 等国产品牌的 1500 元以下的手机，只有一位村民为考上大学的女儿购买了一台二手苹果手机。低廉的价格使得智能手机在城市和乡村都非常普及，使用手机不再是某些高经济收入阶层的特权，手机作为"身份象征"的功能逐渐弱化。

（一）为什么给孩子买手机？——教育属性驱动下的手机购买行为

回答儿童是否能够拥有自己手机的问题时，家长们考虑更多的不是经济因素，而是对智能手机不同的价值期待和意义想象。中国家长普遍重视教育，认为读书是提升能力、实现阶层流动和改变命运的重要途径。智能手机兼具信息、娱乐、生活、教育等多重功能，家长们普遍认为智能手机是儿童接触社会、获取信息、提升自我的重要途径；因此，无论是乡村还是城市，家长们为儿童购买手机的动机都与教育有关。

> 我去年的时候期末考了两个 100 分，我爸给我买的，我哥哥都没有手机，只有我有手机。
>
> 海则滩村二年级男孩 XLZ
>
> 我妈妈说要是这次考试能考到 90 分以上就给我手机，不过不是新买的，是我姐姐剩下的，虽然不是很新，但有总比没有好。
>
> 海则滩村四年级女孩 ZJW
>
> 刚上六年级的时候我妈妈给我买的手机，因为我有好多网课要上，而且有时候要查资料什么的。
>
> 西安小学六年级男孩 YZC

虽然购买手机的动机都与教育有关，但不同的是，城市家庭强调手机的教育属性，对智能手机的认可度和接受度较高，希望儿童能利用手机获取学习资源、提升学习能力，当智能手机作为学习工具进入城市家庭，儿童会接受智能手机作为学习工具的属性，他们对智能手机的使用情况能较好地契合父母最初的预期；乡村父母虽然将智能手机作为儿童学习成绩好的奖励，但手机是作为一种教育奖品而不是学习工具进入家庭的，而且乡村父母普遍认为儿童使用智能手机容易沉迷游戏、影响学习成绩。在日常生活中，乡村儿童往往由于种种原因无法充分利用智能手机的学习功能，无法将手机用于自我提升。

> 不能给娃娃们买手机，这个东西太害人了，不过你也挡不住他用（手机），我和他妈妈的手机经常就被他拿走了，打游戏打一夜，成绩一下就溜下去了。
>
> 海则滩村六年级男孩 ZYG 的父亲
>
> 一开始说得可好了，说考得好就给他买手机，他保证不天天打游戏，结果买回来就由不了我，根本管不住。天天为了手机吵架，就不应该给他买。
>
> 海则滩村五年级男孩 XMQ 的父亲

城乡家庭对智能手机不同的预期和占有方式反过来会影响父母对智能手机的态度。城市家长普遍认为智能手机是现代生活的必需品，完全不让孩子使用手机是不现实的，关键在于如何引导孩子正确使用手机。相比之下，乡村家长对手机的到来更为忧虑，他们担心手机会让孩子沉迷游戏、影响孩子学习成绩。吊诡的是，城市中的家长虽然对手机表现出了极大的包容，但参加研究的十个西安市家庭中只有一个六年级的男孩（YZC）拥有自己的手机，其他孩子都没有自己的手机。大多数西安市的家长们会为儿童购买平板电脑、电话手表等设备替代智能手机。

> 孩子现在还太小，她平时就用我们的手机，毕竟现在很多事情都需要手机。我们没有考虑给她买手机，但是给她买了 iPad 和电话手表，iPad 用来上网课，电话手表的话她出去玩的时候戴着我们能放心点儿。
>
> 西安市三年级女孩 RGY 的母亲

相反，乡村家长虽然认为手机带来的负面效果更大，但是海则滩村的十个受访家庭里，超过一半的孩子都拥有自己的手机。究其原因，是乡村父母外出打工或忙于务农，没有太多的时间和精力陪伴孩子，为了减少外出带来的风险，他们往往会为儿童购买智能手机。因此，在乡村家庭中，智能手机名义上是儿童学习成绩好的奖励，但背后隐藏着强烈的育儿需求。

> 你像现在夏天娃娃们爱去河里耍，每年都有出事的，你在家里看手机起码放心嘛，你给个手机他就哪都不去了，不然的话，小子娃娃（当地方言：男孩）费事（当地方言：调皮），一天操心得很。
>
> 海则滩村二年级男孩 XLZ 的母亲
>
> 我有时去地里，她一个人在家我不放心，就给她了个手机，我不在的话，有什么事情也好联系。
>
> 海则滩村二年级女孩 SRH 的母亲

智能手机在城乡家庭被赋予不同的功能属性与价值期待，出于不同目的被购买和整合进城乡家庭。城市家庭将手机视为学习或生活的工具，赋予智能手机更多元的价值属性和使用可能，期待智能手机能成为儿童学习与日常生活的帮手。西安市受访家庭中唯一一个拥有手机的孩子会在日常生活中使用手机上网课、查阅资料，会在外出上辅导班的时候用手机叫车、吃饭等，同时，父母通过手机能随时联系到孩子，了解他的行踪，确保他的安全。海则滩村的家长虽然将手机作为学习成绩好的一种奖励或者承诺，但是他们认为手机是娱乐休闲的工具，对手机的评价比较消极，甚至内心深处非常抗拒手机，尤其是当儿童学习成绩下降时，他们会自然地将原因归结于儿童沉迷手机，进而引发亲子矛盾。但同时，手机作为"电子保姆"代替父母参与儿童的日常生活，极大地分担了父母的育儿压力，在父母忙于农活无暇照顾孩子的时候，手机能代替不在家的父母照顾孩子，让孩子安全地待在家里，减少孩子独自在户外的风险。因此，虽然乡村父母对智能手机评价消极，但出于现实需求，他们更愿意为儿童购买手机，这也是乡村儿童拥有手机比例大大高于城市儿童的原因所在。

（二）由谁购买？——家庭权力的体现

智能手机由谁购买？传统的传播学研究较少关注这个问题，但是驯化研究认为媒介技术从占有到最终的转化，都与家庭权力结构息息相关。手机由谁购买不是一个简单的消费问题，而是家庭权力结构的具体体现，回答这个问题有助于我们更深入地理解不同家庭的手机驯化过程。

家庭中谁来购买 ICT 产品关系到家庭成员角色定位及家庭权力关系。传统社会中，电视大多由父亲购买，一般被放在家庭的公共空间，家庭成员共享同一台电视。与电视不同，手机具有高度的便携性与私密性，家庭成员往往无法共享一台手机，儿童对于拥有一台自己的手机有着强烈的渴望。那么，家庭中究竟谁有权力给孩子买手机呢？对于这个问题，家庭成员的答案各不相同。大多数家庭中母亲较多参与孩子的日常生活照顾，因此孩子们普遍认为必须有妈妈的同意才可以购买手机。

> 我得问我妈妈，我妈妈同意我才能买，不过是爸爸掏钱。
>
> 海则滩村三年级男孩 LWB
>
> 肯定是要问妈妈呀，爸爸听妈妈的。
>
> 西安市四年级男孩 HYQ

与孩子们的答案不同，海则滩村的父亲们大多认为，孩子买手机必须要经过自己的同意。西安市的父亲们则表示，是否买手机不是一个人的事情，需要和孩子的母亲商量。母亲们的回答则并未表现出明显的城乡差异，她们普遍表示给孩子买手机的事情不能由一个人决定，应该由夫妻两个人一起做决定。

（孩子买手机）这当然得我同意了，我出钱呢，必须要我同意啊。

海则滩村三年级男孩 LWB 的父亲

肯定先得问他爸爸，不过我不同意他也买不了。

海则滩村三年级男孩 LWB 的母亲

我们暂时不想给孩子买（手机），当然等他大一些的时候如果需要手机，我会和他妈妈一起商量。

西安市四年级男孩 HYQ 的父亲

我和他爸爸的态度是一样的，小学阶段不会给他买手机，他自己也知道这个事情，所以他也不会和我们提（这个要求）。

西安市四年级男孩 HYQ 的母亲

现代家庭权力关系更为复杂多样，每个家庭成员对权力关系的理解并不统一。在参加研究的大多数城市家庭中，夫妻双方都有工作，有固定的收入，夫妻在家庭中的经济地位没有太大差距。因此，在决定是否为儿童购买手机时，没有哪一方处于绝对的权力中心。在海则滩村的许多家庭中，男性或者外出打工，或者作为主要劳动力在家务农，他们是家里主要的经济来源。因此，男性在家庭消费过程中更具话语权，但由于他们对孩子日常生活的参与度不高，父亲的权威性往往得不到孩子的认可。

二 占有情况：富媒体与穷媒体家庭

已有研究显示，中国大部分乡村小学生在家中有计算机、手机与网络接入，与城市学生之间的接入沟已大幅收窄。[1] 本书在田野调查中发现，儿童的智能手机占有量已经没有传统意义上的城乡差距，甚至参与研究的海则滩村儿童拥有智能手机的比例大大高于西安市的受访儿童。

---

[1] 李晓静：《数字鸿沟的新变：多元使用、内在动机与数字技能——基于豫沪学龄儿童的田野调查》，《现代传播（中国传媒大学学报）》2019 年第 8 期。

海则滩村 15 个受访儿童中有 9 人拥有自己的手机，而西安市 11 个受访儿童中只有 1 人拥有自己的手机（具体情况见表 4-1、表 4-2）。

表 4-1 海则滩村受访儿童智能设备占有情况

家庭序号	受访儿童	年龄（岁）	性别	年级	是否拥有自己的手机	手机来源	其他智能设备	设备来源
1	GJY/GJT	12/10	女/男	六/三	是/否	父亲的旧手机	无	无
2	ZK	13	男	六	是	姐姐的旧手机	无	无
3	LWB	10	男	三	是	父亲购买的新手机	无	无
4	XMQ/XLZ	11/7	男/男	五/二	否/是	父亲的旧手机	无	无
5	ZJX	7	男	一	否	无	无	无
6	LWL/LWJ/LWQ	13/9/7	女/女/男	六/三/一	否/否/是	父亲购买的二手手机	无	无
7	CQY	12	女	五	是	母亲购买的新手机	平板电脑	母亲购买
8	SRH	9	女	二	否	无	无	无
9	ZYG/ZJW	12/11	男/女	六/四	是/是	父亲的旧手机/哥哥的旧手机	无	无
10	MYX	11	男	四	是	母亲购买的新手机	电话手表	母亲单位福利

表 4-2 西安市受访儿童智能设备占有情况

家庭序号	受访儿童	年龄（岁）	性别	年级	是否拥有自己的手机	手机来源	其他智能设备	设备来源
1	RGY	10	女	三	否	无	平板电脑	母亲购买
2	YZC/YZT	12/9	男/女	六/三	是/否	母亲购买	平板电脑/电话手表/智能音箱	母亲购买
3	LYT	10	女	四	否	无	平板电脑	父亲购买
4	GHY	7	男	一	否	无	平板电脑/电话手表	母亲购买

续表

家庭序号	受访儿童	年龄（岁）	性别	年级	是否拥有自己的手机	手机来源	其他智能设备	设备来源
5	QYJ	9	女	二	否	无	电话手表/智能音箱	父亲购买
6	WCJ	11	男	五	否	无	平板电脑	父亲的旧 iPad
7	JYC	8	男	二	否	无	平板电脑/电话手表	父母购买
8	ZLY	11	女	五	否	无	平板电脑/电话手表/智能音箱	父母购买
9	HWY	12	女	六	否	无	平板电脑/电话手表	父亲购买
10	HYQ	10	男	四	否	无	平板电脑/智能学习机	母亲购买

乡村儿童中拥有智能手机的比例远远超过城市儿童，但城市儿童拥有的智能设备种类更丰富。西安市儿童拥有多种类型的智能媒介，大多数儿童拥有平板电脑（参加本书研究的小学生在家极少使用笔记本电脑，故本书只统计平板电脑）、电话手表、智能音箱等电子智能产品，生活在 Livingstone 和 Helsper[①] 所说的富媒体家庭（media-rich home）中。西安市的受访对象中只有一个儿童没有平板电脑，其余所有儿童都有平板电脑，他们会使用平板电脑上网课、社交、休闲娱乐等。

相反，乡村儿童拥有智能产品的种类较少，处于穷媒体家庭（media-poor home）中。海则滩村的儿童很少有人拥有手机之外的其他电子智能产品，受访对象中只有一个儿童拥有平板电脑，由于她的眼睛视力不好，加之疫情防控期间课程改为在线，她的母亲为她购买了平板电脑用来上课。访谈对象中也只有一个儿童拥有电话手表，因为他的母亲在中国移动公司上班，公司举办充话费送手表的活动，他的妈妈交了 298 元的电话费领取了一块电话手表，但他几乎没有用过电话手表。

---

① Livingstone, S., & Helsper, E., "Gradations in Digital Inclusion: Children, Young People and the Digital Divide", *New Media & Society*, Vol. 9, No. 4, 2007: 671-696.

中国城乡家庭的媒介环境差异明显，在"买与不买""由谁买""买什么、不买什么"等现象的背后是家庭经济收入、受教育程度、社会地位、育儿理念等一系列因素在发挥作用。这一系列因素综合决定了家长对媒介技术产品赋予的期待与想象，这种期待与想象成为某一媒介产品能否被允许进入家庭的重要判断依据。

三　占有之后：控制与抵抗

对智能手机的"占有"既包括家庭成员在手机进入前对它的想象与定位，也包括在它进入家庭生活后成员们根据自身环境和经验与其产生的互动。当手机携带不同的期待与想象进入家庭后，家庭成员如何管理这个新技术的到来？如何协商制定手机使用规则？如何以手机为中介展开互动？面对这一系列问题，不同家庭会给出不同的答案。各个家庭会采用带有明显个人痕迹的实践方式，并在此过程中形成属于不同家庭的实践意义。

如前所述，乡村父母在现实生活中大多出于育儿需求将手机作为"电子保姆"，他们一方面对智能手机抱有期待，希望儿童能利用智能手机长见识，另一方面又担心儿童沉迷手机影响学习成绩。他们对智能手机的定位较为模糊甚至自相矛盾。海则滩村的儿童认为手机是娱乐工具，大多数人用手机打游戏或者看视频，很少有人会主动利用手机学习。为了逃避父母的干预，孩子们会给手机设置密码，或者将手机放在父母不容易发现的地方。同样，海则滩村儿童的父母对手机也没有寄予太多关于教育功能的期待，甚至大多家长认为"手机是个坏东西"，当孩子学习成绩下降时，他们会第一时间将原因归结为手机影响了学习。因此，手机在乡村家庭中扮演的角色非常复杂，一方面，父母通常会许诺儿童，只要他们成绩足够好就能拥有手机，对儿童而言，手机是作为一个学习奖品进入他们的生活的；另一方面，父母认为手机是儿童学习中的最大障碍，儿童因为沉迷手机而影响学习成绩。

手机这个东西谁也管不住，我们娃娃以前学习可好了，可是后来开始要手机，我们就管不住了，他还把手机偷着带去学校，他们老师也管不住。

海则滩村五年级男孩 XMQ 的母亲

到最后没办法，我就把手机锁柜子里，但是她和我闹呢，不给（手机）就杵在那（当地方言：生气）。

海则滩村六年级女孩 LWL 的母亲

正因如此，乡村儿童的父母对待手机的态度大多是消极抵抗或者无奈接受，访谈中父母们说得最多的一句话就是"没办法"。但是这种无奈背后隐藏着父母对儿童使用手机的强烈抵触心理，尤其是儿童将手机作为一个娱乐工具使用时，矛盾就极易爆发。一旦有某个导火索事件（如考试成绩下降）出现，父母与孩子之间的矛盾便会升级。父母会态度强硬地剥夺孩子的手机使用权，孩子也会以自己的方式进行激烈的抵抗，在周而复始的缠斗中，父母与儿童之间的矛盾逐渐凸显、不断升级，亲子关系受到明显影响。

我的两个手机都被砸了……还能因为什么呀，学习成绩不好么，我妈气得不行就给我砸了。

海则滩村六年级男孩 ZYG

真是没办法，之前要得太厉害我就给藏起来，藏在哪都能找到呢，我就把手机放到我兄弟他们家。他找不到手机，后来他自己偷偷地买了一个手机，一问才知道，是他们几个娃娃用不吃饭攒的自己的零花钱买了个手机，轮着要，一人一周，你说现在的娃娃是不是本事大呢，根本没办法，气得我那天刚打了一顿。

海则滩村四年级男孩 MYX 的母亲

西安市的儿童中拥有手机的比例大大低于海则滩村的儿童，受访对象中，只有六年级男孩 YZC 拥有自己的手机，他的母亲在他五年级寒假期间出于生活实际需求为他购买了手机。生活中，YZC 不仅使用手机上网课，还会使用手机在平台叫车、订外卖等，手机作为学习助手和母亲的育儿工具，很大程度上分担了母亲的育儿压力、代替母亲参与了儿童的日常生活。

> 他马上五升六（五年级升六年级，进行此次访谈时，YZC 还未升上六年级）了，我从这学期开始给他报了两个辅导班，我有时没空送他去，他自己去的话有个手机方便一点，可以自己叫车、在外边吃饭，我都不用操心。
>
> 西安市六年级男孩 YZC 的母亲

城市儿童拥有平板电脑、电话手表等种类丰富的电子智能设备。西安市的父母们普遍对电子智能设备赋予较为清晰的定位与想象，会根据实际需求为儿童购买相应的电子产品，希望不同的智能产品能满足儿童不同的需求。比如，他们会为了儿童在线学习购买平板电脑，为了儿童的安全和社交需求购买电话手表，他们也会购买智能音箱等设备用来休闲娱乐。他们通过购买不同类型的媒介产品为儿童营造了一个富媒体家庭，儿童可以根据不同需求选择适合的媒介形式，家长亦能够选择不同媒介作为父母的育儿工具或者学习工具参与儿童的日常生活。

> 她英语和数学都是在线课，iPad 比较方便上课，而且她的 iPad 上边也没有娱乐的东西，都是上课的 App，只装了一个 QQ 音乐，有时候她会拿着听歌。
>
> 西安市三年级女孩 RGY 的母亲

> 这些东西（电子智能产品）都是必需的，她们上课、交作业都要用，她特别小的时候我给她买了"小爱"（智能音箱），能听歌，能讲故事，还不伤眼睛。后来上小学的时候我就给她买了

iPad，疫情期间上课整天盯着 iPad 看的时间太长了，眼睛受不了，我又给她买了个投影仪，能保护视力。

西安市六年级女孩 HWY 的父亲

不同类型的媒介产品、清晰的功能定位与多样化的媒介选择很大程度上保证了父母对媒介产品的期待与实际使用之间高度契合，也很大程度上避免了亲子之间因此产生的矛盾和冲突。相反，在乡村家庭中，穷媒体环境导致儿童的媒介选择单一，手机被赋予了教育、娱乐、育儿等不同的功能，其在实践过程中非常容易出现父母预期与儿童实践相违背的情况，导致以手机为中介的亲子关系容易出现矛盾。

当然，西安市的儿童在使用电子智能产品的过程中也经常会偏离父母的购买预期，他们会使用智能产品进行娱乐休闲活动。面对这种情况，父母们不可避免地会产生担心，但是这种担心与海则滩村父母们的无奈接受并不相同，他们会根据具体情况做出调整、权衡媒介技术带来的风险与回报、尽力平衡智能手机带来的数字"赋能"与"负能"。父母们积极寻求各种方式干预儿童的媒介使用，与儿童协商制定相关的媒介使用规则，尽力降低媒介技术带来的各种风险与危害，确保儿童对媒介产品的使用符合他们的期望。

他有平板电脑，但是他老是自己在上边偷着打游戏，后来我就给他换了一个科大讯飞的学习机，这个比 iPad 好管理，孩子不能自己下载娱乐软件，连百度都要家长同意才能上，就是很单纯的学习功能。

西安市四年级男孩 HYQ 的母亲

疫情期间上网课的时候我发现她有时候会和同学聊天，她们在钉钉里建了很多同学群，上课的时候会互相发照片，我给她说上课的时候不允许在群里聊天，不然的话我就把群解散了。

西安市三年级女孩 RGY 的母亲

（iPad）毕竟很好玩，他有时候交完作业会拿着 iPad 玩一会儿。我觉得也正常，我们大人看手机有时候也放不下。我们商量好规矩，比如，作业写完可以打半小时游戏。他自己定好的规矩，一般都能遵守。有时候放不下，我提醒一下他也就不玩了。

西安市五年级男孩 WCJ 的母亲

他拿 iPad 就爱听故事，每天抱着 iPad，走哪都抱着。听故事的话我们也不限制，想听就听呗。有时候会拿我和他爸爸的手机玩一会儿，看看动画片，我们会规定他看的时间，到点了，我就喊他下棋啊、跳绳啊，他愿意玩，只要有人陪着他，他也不迷恋手机。

西安市一年级男孩 GHY 的母亲

智能手机被中国城乡家庭赋予不同的功能属性与价值期待，实践出了不同的占有路径。城市家庭呈现出一种目的清晰、媒介种类丰富、人与技术关系多元的占有路径，而乡村家庭虽然占有智能手机的数量多，但智能设备种类单一，且缺乏对智能手机明确的功能期待，面对智能手机的到来容易陷入一种复杂、矛盾的状态之中。

第二节　客体化：手机在家庭空间的嵌入

学者李慧娟和喻国明[①]对中国天津、青岛、西安三个城市居民媒介接触使用状况进行的调查显示，人们在自己的住所时对移动互联网的使用程度是最高的，无论是接触率还是人均接触时长都比在其他空间中要高，接触率合计为 56.7%，接触时长合计为每日 210.6 分钟。本书在田野调查中也发现，无论是乡村还是城市，无论是成人还是儿童，家都已然成为智能手机使用率最高的场域。

对于儿童而言，他们的日常生活主要发生在家和学校两大空间，由

---

① 李慧娟、喻国明：《家庭场域的数字化重构——关于移动互联网时代生活空间的功能异化研究》，《现代传播（中国传媒大学学报）》2016 年第 3 期。

于学校不允许携带手机，因此，家成为儿童使用手机的主要场景。智能手机让儿童在家的时候能够与自己熟识的社会保持连接，同时还能与陌生社会发生关系。在放学后到晚上睡觉前的这个时间段里，许多儿童会较为密集和频繁地使用手机。当然，由于家庭空间结构不同，儿童使用手机的具体空间不尽相同。海则滩村的家庭空间没有明确功能划分，乡村儿童不会像城市儿童一样在卧室使用手机，有时为了逃避父母的监控，乡村儿童会选择在自家院子里看手机。

对于成人而言，他们使用手机的时间和空间明显受到工作、生活等具体情况的影响。在海则滩村，父母们大多以务农为生，他们劳作的时间相对自由和机动，他们会在劳作的间隙碎片式地使用手机，也会在不用外出的时候在家长时间地使用手机。智能手机已经成为村民们最主要的休闲娱乐方式，以往许多线下的娱乐活动也都转为线上。

> 以前还老凑在一块打麻将呢，现在场场都散了（当地方言：打麻将的地方都没有了），现在我们平时这十几个熟惯的（当地方言：彼此熟悉的）有个群，随时都能打，我们也都怕劲跑（当地方言：懒得跑），就在手机上打（麻将）……我主要是晚上要得多，白天生活（当地方言：家务）多，打不成。
>
> 海则滩村五年级女孩 CQY 的母亲

本书中西安市的父母大多是上班族，他们的日常生活较为规律。工作日里，工作场所是他们使用手机频率最高、时间最长的空间，下班回家后，他们一般会选择在卧室使用手机。周末，他们使用手机的场所则会根据生活情境随时发生转换和调整，从客厅、卧室到厨房、卫生间，家里的任何地方都有可能看到手机的身影。在不同的空间中，智能手机自然地嵌入各类家庭活动，父母们会在书房"打游戏"、在厨房"边做饭边刷剧"、"洗澡的时候听音乐"、"打扫家时听播客"等。不同形式的手机实践参与、渗透进日常家庭生活，构建了一个丰富的、碎片化的、流动的家庭数字生活新空间。

一 家作为物理空间：无处不在的手机

所有社会行动都是空间性行动，都有其具体的场所（场所是以物理环境为基础的社会性空间现象），并以不同的方式参与了空间的构造。[①] 家作为一个具体的行动场所，以其物理空间结构影响和制约着家庭成员的空间性媒介使用和互动关系，同时，家庭成员也借由传播活动推进空间性的在场以及家庭空间关系的再生产。

从物理空间看，西安市家庭占有的人均居住面积远小于海则滩村。《西安统计年鉴2021》显示，2020年西安城镇常住居民家庭人均现住房建筑面积为34.9平方米，平均每户常住2.8人，也就是说，平均一户三口之家拥有约104.7平方米的房子。从居住空间的样式来看，西安市城镇家庭的房屋中83.2%为单元房。西安农村常住居民家庭人均现住房建筑面积为50.2平方米，平均每户常住3.5人，房屋样式大多为单栋楼房（53.7%）和单栋平房（43.7%），单元房仅占2.0%。[②] 田野调查中发现，尽管海则滩村属于榆林市，但西安市与海则滩村家庭的居住情况和房屋物理空间结构差异与上述西安城镇和农村的统计数据一致。西安市的受访家庭全部住在两居或三居的单元楼，人均居住面积小于海则滩村，但是，西安市家庭的房屋格局功能划分更细，包括客厅、卧室、厨房、卫生间等不同房间，儿童大多拥有自己独立的卧室。

不同的家庭空间结构影响和制约着家庭成员的手机使用与互动关系。在西安市的受访家庭中，家长对儿童使用手机的地点有着明确的规定，比如是否可以在餐桌上看手机、是否能把手机带到卧室、是否能在卫生间看手机等。

---

① 郑震：《空间：一个社会学的概念》，《社会学研究》2010年第5期。
② 西安市统计局、国家统计局西安调查队编《西安统计年鉴2021》，中国统计出版社，2021，第29页。

　　我们家的习惯是不能边吃饭边看手机，她消化不好，她爸的习惯也不好，老是吃饭的时候看手机，这对消化不好，后来我们就商量决定不管大人小孩都不能在吃饭的时候看手机。

西安市四年级女孩 LYT 的母亲

　　他在家里看手机的话我是要求他必须在客厅，不能回自己的卧室，我要能看见他，起码我得知道他在拿手机干什么……他有时候会跑去卫生间半天不出来，我就知道他可能在里边偷偷地打游戏呢。

西安市四年级男孩 HYQ 的母亲

　　不能把手机拿回卧室，尤其是睡觉前不能看手机，因为晚上看手机影响眼睛视力，也影响睡眠。而且晚上没人看着的话他可能会一直看手机，那第二天肯定起不来。

西安市五年级男孩 WCJ 的母亲

　　西安市的家长们详细规定了儿童使用手机的地点和时间等，他们要求儿童使用手机时要处于他们的视线范围内，希望能在一个可见的空间内随时监控儿童的手机使用。在看与被看之间，亲子双方处于一个不对等的、具有全景式监狱性质的空间之中，使用手机的儿童成为被凝视的对象，大多数情况下他们只能选择服从，在可见与不可见的空间关系中父母的权力得以彰显。但是，儿童也会寻求机会改变空间关系，以此来抵抗或逃避父母的监控。

　　我妈每次都要看着我，我就很烦，其实我也不是有什么秘密，我就是不想让她看着我，但是没办法，我要是不听她的话，她就会把手机拿走，不让我看手机。

西安市四年级男孩 HYQ

　　我妈管得不是很严，她说让我在客厅看手机，但是过一会儿她要是忙别的事情就忘了，我就会回自己的卧室，但是如果看手机的时间太长的话她肯定会叫我的。我发现我妈就是不想让我打游戏，要是听歌的话就无所谓，我洗澡的时候会把手机拿进卫生间听歌，她也不管。

西安市五年级男孩 WCJ

海则滩村的十户受访家庭全部住在单栋平房或单栋楼房，房屋前后院会用来种菜、养鸡等。海则滩村家庭的房屋结构大多不是按照功能进行划分的，而是根据家庭成员构成或居住习惯等现实情况而定。一家人共同居住在一个空间的情况比较普遍，吃饭、睡觉、日常活动都在同一个空间内，儿童大多没有自己独立的卧室（部分儿童与兄弟姐妹共有一间卧室）。

在海则滩村，家长们对儿童使用手机的场所没有明确规定，大多家长认为"在哪看手机都一样""反正都是看，在哪看有什么关系呢"。究其原因，一方面，海则滩村的房屋内部大多没有功能划分，父母无法对儿童使用手机的场所提出具体的要求，而且村里的房子大多有前后院，儿童使用手机的场所并不局限在家里；另一方面，访谈中我们也发现，海则滩村的家长们对儿童使用手机的管理主要体现为"让玩"或"不让玩"，至于在哪里玩、玩什么等则不甚重要。

平时他也就晚上放学耍一会儿，就在这炕上或者在地上（凳子上）坐着看（手机），我们也不管他。有时候我们不让他看了，他就拿着手机走了到外边去看，夏天的时候家里太热了，他一般就在院子里，晚上睡觉的时候自己就回来了。

海则滩村五年级男孩 XMQ 的母亲

海则滩村的儿童在实践中不断摸索出抵抗父母管理或者控制的方式，他们发现如果长时间待在父母视线范围内看手机的话，父母会习惯性地提醒他们放下手机。于是，他们会选择拿着手机走出家门，而待在家里的父母往往因为忙于其他家庭琐事而疏于管理。由此，儿童通过改变使用手机的物理空间争取了更多的手机使用时间和自由。他们会想办法在空间上与父母隔离，实现手机使用时父母的"不在场"，但这一举动往往是权宜之计，并不能真正解决亲子之间因为手机使用而产生的矛盾。

Livingstone[1] 在研究中提出，自 20 世纪 50 年代以来，青少年的日常家庭生活中有"两道门"，一是前门（the front door），其作为一种象征符号代表了一种严格的藩篱，前门把家庭生活与公共生活分离；二是卧室的门（the bedroom door），其把青少年的个体空间与家庭和公共生活分离。许多研究依循 Livingstone 的理论展开分析，提出了家庭共享空间式微与"卧室文化"形成的研究结论。[2]

本书发现，在智能手机客体化的过程中，它作为媒介物在城乡家庭的公共或私人空间中出现或隐藏，背后是家庭权力关系和家庭形态的差异。尤其是家的空间结构会明显影响手机的客体化路径，不同家庭将手机嵌入家庭实体空间的方式各有不同。在海则滩村，大多数家庭住在单栋平房或单栋楼房，有自家的前后院。海则滩村的孩子们非常喜欢走出家门在自家院子看手机，没有手机的孩子们会寻找有手机的伙伴一起看手机，就像电视稀缺年代村民们会聚在某个拥有电视的家庭一起看电视一样。从这个意义上来说，手机并没有完全把儿童关在门里，也没有完全隔绝他们与同辈的联系。另一方面，海则滩村的房屋结构和空间功能划分比较模糊，其公共空间与私人空间的界限并不清晰，儿童大多没有独立的卧室，他们无法像 Livingstone 研究中的英国儿童一样把卧室门关上。此外，父母对儿童使用手机的场所也没有明确规定，儿童不需要有意去争取、创造一个独立于父母监控之外的个人空间，因此，"卧室文化"在中国乡村并未形成。

与海则滩村不同，西安市的家庭大多居住在单元楼，其房屋结构和

---

[1] Livingstone, S., "Children's Use of the Internet: Reflections on the Emerging Research Agenda", *New Media & Society*, Vol. 5, No. 2, 2003: 147-166.

[2] 冯强、马志浩:《科技物品、符号文本与空间场景的三重勾连: 对一个鲁中村庄移动网络实践的民族志研究》,《国际新闻界》2019 年第 11 期。

空间功能划分清晰。父母对于手机使用的空间场景有明确规定，希望儿童在公共空间、在父母的视线范围内使用手机。西安市的儿童拥有自己独立的卧室，为了逃避父母的监控，他们往往会寻求机会离开父母所在的客厅，在使用手机的过程中尝试关上卧室的门。关上的门不仅隔绝了空间，也作为一种抵抗方式参与到亲子互动中。由此，Livingstone 在研究中谈到的"卧室文化"在中国城市家庭中开始出现。

二 家作为社会空间：以手机为连接的互动实践

家不仅仅是房屋所在的物理空间，还是一个复杂的社会空间，是社会、经济、政治、文化等因素共同作用的空间，它对技术物的占有、使用、客体化有着重要影响。正如李彬和关琮严①所说，社会空间指人与人或人与物相互影响、相互作用、相互制约的关系状态，既可以建立在实体空间之上，也可以以自身为基础，体现的是一种普遍的社会联系。我们需要从家庭成员与手机互动的社会意义入手去探索家庭空间的另一种可能性，要从家庭实践的角度来理解家庭空间中一种不同于物理连接的连接的可能性。

在现代家庭生活中，手机高度中介家庭日常生活中的交往与互动。手机作为连接和中介的载体，不仅将家庭成员联系在一起，还促成了家庭成员实践之间的关联和相互反应，并构建了特定的家庭行动场域和亲子关系。手机为家庭生活提供了跨越时空的沟通可能，便利了亲子互动、丰富了亲子互动的社会场景，在身体—世界的互动关系中形成一种感受性的空间。它包括家庭成员通过手机与他人连接的方式，也包括我们想象连接的方式，这种想象与研究对象所处的家庭环境和文化情境密切相关，会嵌入家庭生活与个人成长脉络之中，因而与儿童的成长也密切相关。

---

① 李彬、关琮严：《空间媒介化与媒介空间化——论媒介进化及其研究的空间转向》，《国际新闻界》2012 年第 5 期。

三　割裂还是连接？

家庭空间的建构与媒介紧密相关，以媒介为中介的各种连接建构了家庭自身空间以及空间关系。在电视作为家庭主要媒介的时代，客厅是家庭成员的公共场所，一家人围坐一起观看电视是许多家庭的日常场景。当智能手机进入家庭后，每个人建立了属于自己的私人领地，家庭原有的空间秩序与媒介格局被打破。当儿童与父母都坐在客厅的沙发上时，他们之间可以完全不聊天，甚至不会抬头看一眼对方，手机小小的屏幕里有太多精彩的东西等着他们。传统家庭围坐一起欢声笑语的场景在手机的微光中黯然失色，渐渐从我们的家庭生活中消失。这种情况在本书研究的田野点也非常普遍，经常能看到研究对象一家人在家里各自拿着手机，彼此之间几乎没有交流。

> 我爸回来就是睡（当地方言：躺）在那看小说，我和他说话他也不理我，叫多了他还吼我。
>
> 海则滩村一年级男孩 ZJX
>
> 我妈特别爱看手机，她看手机的时候什么都顾不上，做饭也看快手的直播，有一次饭都糊了。
>
> 海则滩村六年级女孩 LWL
>
> 现在大人娃娃都有手机呢，晚上一家人各看各的，也不拉话（当地方言：聊天），瞌睡了就睡觉。
>
> 海则滩村六年级女孩 LWL 的母亲

智能手机的到来对电视时代家庭中"围炉夜话""共同观看"等场景形成冲击，它将儿童与父母隔离开，造成了许多传统家庭场景的坍塌，家庭空间也在不知不觉中被重新配置。智能手机切割了家庭空间与亲子互动，将一家人分别隔绝在一块块小小的屏幕中，一家人在各自的世界里度过家庭时光，形成了家庭生活中"在场的缺席"，这种场景在新冠疫情期间尤为显著。

2020年初，新冠疫情暴发，全国多地实行封控政策，封控在家的人们长时间共处于家这个实体活动空间内，几乎所有的社会活动都在这个有限的空间内进行。家不再是单纯休闲活动的场所，而是叠加了上班、学习、娱乐、生活等多重功能，不同家庭实践出了完全不同的场景。在西安市的受访家庭中，一个典型的场景是儿童用手机或平板电脑上网课，父母各自拿着电脑在工作，为了不打扰彼此，家庭成员往往会选择卧室、客厅、书房等不同的空间各自活动。

> 网课太好了，因为我知道了 iPad 的密码，我实现了 iPad 自由呀，以前我妈给 iPad 设了密码，我要用的时候找她解密码，自从上网课，一直要用 iPad，她就把密码告诉我了，我上课时可以偷偷和同学在群里聊天，互相截图做成表情包，我做了好多表情包，还有我们老师的呢。
>
> 西安市三年级女孩 YZT

> 疫情在家非常考验人，一天到晚待在家真的是太崩溃了，我老公一天有打不完的电话，我开会的时候一边是他打电话的声音，一边是孩子上网课的声音，后来我就把他赶到书房，我在客厅办公，但我发现家里非常不适合工作，效率太低。
>
> 西安市二年级男孩 JYC 的母亲

海则滩村地处陕西北部，受疫情影响相对较少，从疫情暴发至2021年9月从未出现确诊病例。但是，疫情的到来对海则滩村混杂的家庭空间结构提出极大挑战，由于房间缺乏清晰的功能划分，一家人在空间上没有区隔，所有家庭活动在同一空间中进行，孩子们上网课的时候也没有属于自己的独立空间，只能与父母同处一室，彼此的生活都受到影响。

我们这是农村，疫情影响不大，管得也不严，就是不能出村子。我平时就在家引娃娃（当地方言：带孩子）呢，我老汉（当地方言：丈夫）在家种地，主要就是那段时间（2020 年 2～4 月）娃娃们要在家上网课，你看我家这条件也不好，三个娃娃都在那上课呢，吵得甚也听不见，有时候他爸爸还在旁边打麻将，声音放得老高了，肯定对娃娃有影响，但是没办法，人也出不去，你说咋办。

海则滩村六年级女孩 LWL 的母亲

疫情防控期间学校停课，许多父母面临着一边工作、一边带娃的艰巨任务，在没有时间陪伴儿童的时候，家长只能无奈选择"电子保姆"，儿童因此获得了更多的屏幕时间和屏幕自由，对于家长而言，这也是"两害相权取其轻"的无奈选择。此外，家庭成员被困在家、活动空间受限，相比平时他们在手机等移动端设备上花费更多时间。家庭成员虽然肉身在家，但每个人都通过手机等屏幕连接了一个肉身之外的虚拟空间，家的物理空间很大程度上被虚拟空间挤占，或者说智能手机在家这个空间中建立了另一个平行的虚拟空间。因此，家庭成员长时间共处于封闭的家庭实体空间内并不意味着面对面交流机会的增多，也并不一定会带来亲子关系的紧密。

然而，一个值得注意的现象是，疫情防控期间西安市许多受访家庭的媒介使用习惯发生了改变，在利用手机、平板电脑、计算机等设备进行学习工作之余，电视、投影等大屏幕重回家庭生活。在这段特殊的时间里，许多家庭会打开闲置已久的电视观看疫情新闻，或者全家人一起观看投屏节目。不同于移动端的独自观看，大屏幕更适合全家共同观看，共同观看增加和增强了彼此交流的机会和意愿，触发了更多的家庭互动。借由共同的媒介消费，家庭成员拥有了更多的共同话题以及更为强烈的"共在感"，但是这种生活方式在疫情结束后能否持续、这种共同观看的行为能否推进家庭关系从"在场缺席"向"身心共在"转变，答案仍未可知。

四　延伸：中国城乡家庭的空间再生产

智能手机作为一个突破时空限制的沟通工具，在家庭生活中拥有另一个非常重要的功能——远程育儿。本书发现，虽然西安市和海则滩村的家庭都将智能手机作为育儿工具，但是两地的家庭对于育儿功能的运用略有不同。对于海则滩村的家长而言，智能手机是促进亲子之间情感交流的重要工具，"打电话"这个动作本身已成为一种仪式或一种象征，让家人们能感受到对彼此的牵挂。

海则滩村一年级男孩 ZJX 的父亲在 20 公里外的县城打工，为了节省路费，父亲平时并不住在家里。每隔几天，父亲就会给 ZJX 打视频电话，虽然交流的时间很短，谈话的内容也很简单，但视频电话成为父子之间沟通的日常仪式，是父亲表达爱与关心的一种方式。

（爸爸）每次（打视频电话）就是问我学习咋样、考试考了多少分，让我听我妈的话、好好学习。

海则滩村一年级男孩 ZJX

我们在外边打工肯定想娃娃呢，手机打视频也不用钱，我是个农村人，给娃也不会说啥，就想打个视频看看他，觉得心里踏实。

海则滩村一年级男孩 ZJX 的父亲

我老汉半个月一个月才回一趟家，家里的事情也指不上，娃娃的事情他平时也管不上，就是给娃打个视频说说话，他也不和我说话，有时就问我有没有钱，给我转点钱。

海则滩村一年级男孩 ZJX 的母亲

我在外面揽工，有时候半个月才回一次家，但我天天给我们娃娃打电话呢，晚上九点多她们睡觉前我就打视频拉拉话，你说我们在外边打工挣钱为个甚，不就是为了娃娃嘛，一天能和她们说一会话，看看就觉得可高兴了。

海则滩村二年级女孩 SRH 的父亲

在西安市，以手机为中介的远程育儿更广泛地出现在家庭生活中，智能手机帮助父母（尤其是母亲）参与、安排、协商儿童的具体日常生活。许多母亲是职业女性，她们在工作的同时承担着家庭大部分的育儿任务，手机已成为她们重要的育儿工具和得力的生活助手。手机不仅帮母亲们协调处理具体的家庭琐事，还能有效缓解由分离带来的育儿焦虑。

　　我经常加班，下班太晚回不去的时候，家里只有保姆在，也辅导不了作业。我会给她打视频辅导作业，尤其刚上一年级的时候，不认识字，所有的题都得我给她读，我给她买了一个 iPad 支架，放在书桌上边，视频一直开着，她在那边写作业，我在这边上班。她有什么不会的，我随时能给她讲。

西安市三年级女孩 RGY 的母亲

　　娃小时候没人带，她不到一岁我就去上班了，家里只有一个阿姨，刚好那段时间新闻里到处都是保姆打孩子的，我不太放心，给家里买了个小度，它能随时看到家里的情况，我过一会就打开 App 看一下孩子在干什么。你说要是没有手机，你就完全看不到家里什么情况，我可能真的就得辞职了。

西安市四年级女孩 LYT 的母亲

　　我记得前段时间第一次她自己一个人在家，那天是周末，我和孩子爸刚好都有事，没人陪她在家，本来我是想着把她带到单位去加班，但她不愿意去想自己在家待着，结果我们刚走没几分钟，她就打电话说自己一个人在家害怕，后来那天下午我们就是把微信视频一直开着，她说开着视频就觉得不害怕了，对我来说，加班的时候能随时看到她我也安心，我们同事还说我工作带娃两不误呢。

西安市三年级女孩 YZT 的母亲

　　两边的老人都不在西安，我们平时也回不去，他爷爷奶奶、姥姥姥爷平时想他的话就和他视频，尤其他姥姥现在退休了没事干，每天都给他打视频，有时候我们吃饭，就把手机支在旁边，老人有时候就是看着孩子就高兴。我妈每次视频的开场白就是"哎哟，我孙子又长高了"，感觉他们真是在手机里看着孩子长大的。

西安市一年级男孩 GHY 的父亲

智能手机已全方位地嵌入了当代家庭的日常生活空间，它作为父母的延伸参与到儿童成长的方方面面。它不仅带来了生活方式的变化，还重塑了人类对于家的时空感受和情感交流方式。智能手机作为远距离沟通工具，打破了家的时空边界，消除了传统场景的物理区隔，使家庭成员能在更为广阔的时空中互动、连接，使"家"的空间得以延伸。同时，以手机为中介的互动实践推动了基于血缘和地缘的家庭空间再生产，形成了新的家庭关系，这种关系在流动中构建了新的家庭时空，带来了康德所说的"待在一起的可能性"。

智能手机联通了家庭成员的肉身在场与远程在场，但同时也削弱了家的物理空间以及曾经在物理空间中形成的亲密关系，它重新组合和生产了家的空间形态，为当代儿童提供了一个崭新的、交融的、混杂的数字化成长空间。

第三节　并入：中介化协商的家庭时间

一　作为工具的时间：高度规划与自由生长

本书的研究对象是小学生，他们的时间被学校、家庭高度组织化，其手机使用时长受学校学期安排与家庭日程安排的影响明显。调查中发现海则滩村的儿童在学期内使用手机时间较多，周一到周五放学后大多有 1~2 个小时的手机使用时间，周末的手机使用时间则更长，许多儿童在周末的屏幕使用时间在 8 小时以上，这些孩子在周末经常处于无人看管的状态，玩手机成为他们最主要的休闲活动。

作业很少，我在学校就写完了，回来吃完饭就要手机。我们几个（LWJ 与她的姐姐和弟弟）都耍手机呢，我弟弟的手机不行，一下就死机了，他经常和我一起看快手。我妈不管我们，她也看一晚上手机，打麻将打到半夜。

海则滩村三年级女孩 LWJ

随时都能玩（手机），我们一般晚上七点多就开始约着打游戏呢，打到十点十一点，周末有时候打通宵呢。我学习不行，学不会，他们也管不住我。

海则滩村五年级男孩 XMQ

我们是受苦人（当地方言：干体力活的人）嘛，一天也不在家，也管不上娃娃，手机这个东西我们也知道不好，可是没办法，总比他们出去玩好，外边太危险，我们也怕他们娃娃出去动乱子（当地方言：遇到危险）呢，手机就是个引娃娃的。

海则滩村五年级男孩 XMQ 的母亲

西安市的父母对儿童的手机使用时间有着严格的限制，尤其是在学期内，儿童的手机使用时间非常少。一方面，大多数孩子有较为固定的日程表，除了学校的课程作业外，孩子们还会参加兴趣班、课外辅导班等，日程表中没有太多空余时间；另一方面，除了在手机上打卡提交作业外，大多数父母不允许儿童在周一到周五上学期间使用手机。周末，家长们会允许孩子们玩 1~2 小时的手机，当然，在田野观察中我们发现，儿童在周末使用手机的时长往往要多于父母规定的时长，他们会想办法通过协商等方式争取更多手机时间。

平时我没时间看手机，爸爸妈妈一般会陪着我写作业，学校作业写完了他们还会给我布置卷子，写完就差不多九点多要睡觉了，要是写得快就可以下楼去跳会绳。不过，周末可以玩手机，可以看动画片，但最多只能看两集。

西安市三年级女孩 RGY

爸爸妈妈不让我看手机，他们说手机太小了，眼睛近视就不漂亮了，可是我有时候会偷偷拿走他们的手机玩一会儿，不过一下就被发现了。

西安市二年级女孩 QYJ

周末可以看手机，作业写完就能看手机，我马上要小升初了，我妈给我报了点考班，作业特别多，以前我能玩两三个小时，但是现在我妈给我定时一个小时，有时候她忙自己的事情忘了管我，我就能多玩一会儿。

西安市五年级男孩 WCJ

如前所述，儿童的手机使用时长受学期与家庭日程安排影响明显。研究发现，学期内城乡儿童的手机使用时长存在显著差异，乡村儿童的屏幕使用时长明显高于城市儿童。海则滩村的父母往往忙于生计无暇照顾孩子，他们也不像西安市的父母会为孩子制定详细的日程表。海则滩村的儿童拥有更多自由的时间，他们的屏幕使用时间也更长。相反，西安市儿童的时间被学校与父母高度规划，他们没有太多自己可以支配的时间，他们的手机使用时长大大少于海则滩村儿童。

与高度规律的学校生活不同，假期时间完全由家庭安排，因此，寒暑假期间上述手机使用时长的城乡差异消失不见甚至呈现出截然相反的状态。西安市儿童在学期内的时间被学校与家长高度规划，但寒暑假期间，大多数父母白天要上班，孩子们面临无人看管的问题。以往家长们会选择把孩子送到暑期辅导班，但 2021 年 7 月，中共中央办公厅、国务院办公厅印发了《关于进一步减轻义务教育阶段学生作业负担和校外培训负担的意见》，所有提供义务教育范围内学科类辅导的机构全部被关停，许多家长只能把孩子送回爷爷奶奶家，于是，孩子们拥有了更多的自由时间，他们可以长时间地、无人监督地使用手机。

与西安市的情况不同，"双减"政策出台后，乡村的假期辅导班并没有消失，只是以一种更为隐蔽的方式存在。海则滩村的父母们会在假期为孩子报辅导班，这类辅导班提供日托和全托两种服务，日托的孩子从早上八点开始上辅导班，到晚上六点放学，全托的孩子每周六天全部在开设辅导班的学校生活，周六晚上六点放学回家，周日晚上六点返校。

> 我们不会给娃娃辅导作业，在学校（暑期辅导班）有老师纠留（当地方言：管理）呢，在那多少能学点东西。
>
> 海则滩村四年级男孩 MYX 的母亲
>
> 人家辅导班不让拿手机，老师还能给辅导作业，比在家里强，大人也省事。
>
> 海则滩村五年级男孩 XMQ 的母亲

假期辅导班收费不高，且能解决孩子无人照顾、家长不会辅导作业等现实问题，海则滩村的十个受访家庭中有七个家庭把孩子送到了假期辅导班，其中三个家庭选择了全托的服务。因此，寒暑假期间海则滩村儿童拥有的自由时间反而更少，相应地其屏幕使用时间也大大减少。

二　他们的一天：智能手机中介下城乡儿童的家庭生活

为了更好地理解智能手机中介下家庭的时间安排、呈现智能手机在家庭中的并入过程，本部分详细记录了海则滩村和西安市两个田野家庭在 2021 年 11 月 9 日这一天的生活场景。选择这一天，是协调了两个田野点家庭各自的时间安排、考虑了疫情出行限制等综合因素后决定的。在这个普通的星期二，笔者与另一位研究者分别来到西安市小 Y 家和海则滩村小 L 家，与两个家庭同吃同住 24 小时，希望能完整记录这两个家庭在这一天里以手机为中介的具体生活场景。

1. 小 Y 家的一天：手机高度介入生活

早上六点五十分，小 Y 妈妈亚珂（化名）放在床头柜上的苹果手机闹钟准时响起，闹钟备注名称是"今天也要加油哦📖!!!"（见图 4-1），加油的表情与三个感叹号仿佛在诉说每天起床的挣扎与不易。她的手机上有九个固定的闹钟，有每日起床的闹钟，也有不同时间送孩子上辅导班、兴趣班的闹钟，长长的闹钟列表中每个闹钟都被清晰地标明了不同的任务。

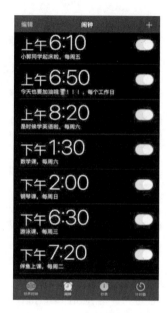

图 4-1　小 Y 妈妈亚珂的手机闹钟列表

资料来源：由亚珂提供。

关掉闹钟，亚珂起床来到厨房，开始为小 Y 和哥哥准备早餐。小 Y 三年级，哥哥六年级，兄妹俩都在离家 10 分钟车程的 W 学校上学。早餐是牛奶和鸡蛋三明治，是他俩前一天晚上决定好的。早餐准备好，亚珂叫兄妹俩起床，和早餐一起端上餐桌的还有播放着 VOA 慢速英语新闻的手机。15 分钟后，早餐结束，妈妈开车送兄妹俩去学校，手机音频自动连接到车上，英语新闻继续在播放，十字路口等红灯的间隙，亚珂迅速在手机上完成了公司要求的疫情定位打卡，并给两条朋友圈点了赞。

亚珂在外企担任中层，工作时间相对自由。送完孩子上学，她直接去往社区游泳馆，度过了一天中难得的手机不在身边的两个小时。但是，她与手机的连接并未中断。她戴了苹果运动手表，即使在运动中也能随时接听电话、回复信息，同时，她还用手表详细记录了游泳过程中的心率、距离、热量、时间等数据，游泳结束后，她将运动数据图发在朋友圈，完成了今天的运动打卡。在接下来的时间里，她在家用手机回复了工作邮件，并在腾讯会议参加了两个在线工作会。下午四点左右，小 Y 姥爷打来电话说最近血压有点不稳定，想去医院检查一下。挂了电话，亚珂便在手机上为父亲预约了第二天上午的专家门诊，并顺便在盒马下单买了晚餐需要的食材。

下午五点，亚珂去学校接两个孩子回家。回家的路上，小 Y 顺手拿起妈妈放在副驾驶位的手机，播放了她最近喜欢的歌手 BLACK PINK 的歌。她看到 QQ 音乐 VIP 即将到期，便问妈妈是否可以给 VIP 续费，得到允许后，小 Y 熟练地为 QQ 音乐充了值。此时，一旁的哥哥提出想给王者荣耀买一套皮肤，被妈妈拒绝。

晚餐后是兄妹俩的学习时间，亚珂与丈夫分工明确，她负责女儿小 Y 的学习，丈夫负责小 Y 哥哥的学习。亚珂夫妻二人都是硕士研究生学历，他们相信教育能够改变人生，对孩子的教育非常重视。夫妻二人有一个默契：孩子写作业的时候他们会陪在旁边读书，在此期间尽量不使用手机。当然，手机并不会从这段学习的时间里消失，学校作业完成后孩子们需要在手机上提交，学习过程中遇到不会的知识他们也会在网上查询，晚上七点半至八点，小 Y 还用手机上了一节在线英语课。

晚上十点半，家终于安静了下来。虽然明天依旧要早起，依旧有满满的日程等待着她，但是此刻的亚珂并不想睡觉，她打开手机，快速看完了朋友圈动态，又在关注的直播间下单购买了一些日常生活用品。困意袭来，她打开音频软件小宇宙，选择了梁文道主持的节目《八分》，设置播放时间，关闭手机屏幕，伴着音频里低沉的声音，亚珂的一天结束了，半小时后手机播放的节目自动关闭，整个家都安静了。明天早晨六点五十分，亚珂的手机闹钟依旧会准时响起……

2. 小 L 家的一天：作为娱乐工具的手机

冬天的海则滩村格外清冷，早上六点，天还没亮，小 L 的妈妈宁琴

（化名）已经起床。宁琴 43 岁，与丈夫刘刚（化名）育有四个子女，大女儿 LWY 19 岁，在西安上大学；其余三个孩子都在 H 学校上小学，二女儿 LWL 13 岁，六年级；9 岁的三女儿 LWJ 就读三年级；小儿子 LWQ 7 岁，刚上一年级。宁琴的婆婆 72 岁，和他们一起生活。家里有两间房，宁琴夫妻俩与小儿子住一间，婆婆和另外两个孩子住一间。

宁琴与刘刚都是小学学历，一家人以务农为生，种有十几亩玉米和土豆，一年大概能有 1 万多块钱的收入；两人饲养了二三十头猪，遇上 2020 年猪肉价格高的时候，养猪能为全家人带来至少四五万块钱的收入，但 2021 年猪肉价格下跌，这项收入大大减少。

11 月的陕北，早晨气温已到零下，宁琴起床后便赶紧生火，这样孩子们起床时就不会太冷。她叮嘱婆婆，小儿子 LWQ 昨天闹肚子，早晨给他喝点小米稀饭，说完她便起身去前院给猪准备猪食。三个孩子起床吃完早饭便准备去学校，学校离家只有步行不到 20 分钟的距离，孩子们从小都是自己去上学。

上午十点多，宁琴喂完了猪，丈夫还躺在炕（陕北农村用砖或土坯砌成的睡觉的地方）上看手机。宁琴有点不高兴，她一边准备着午饭，一边念叨着"一天到晚就知道要手机，谁不想要手机呢"。吃完午饭，宁琴的好朋友打来微信语音电话，约着下午一起在网上打麻将。宁琴爱打麻将，以前一有空就往麻将桌上跑，这几年她学会了在手机上打麻将，觉得特别方便，"以前三缺一，经常要等人，现在网上随便可以找到人"。

一下午的时间，宁琴一直在手机上打麻将，刘刚则在刷抖音。下午五点半，孩子们放学的时间到了，小儿子 LWQ 一进门就"顺手"拿走了宁琴的手机，二女儿 LWL 央求父亲把手机借她玩一会儿，刘刚爽快地把手机给了女儿。三女儿 LWJ 也想玩手机，可是没人愿意把手机让给她，她只能凑在姐姐身边一起看姐姐喜欢的一个主播直播拆盲盒。

吃完晚饭，宁琴催促孩子们快点写作业，孩子们的作业她和丈夫都帮不上忙，他们各自做着自己的事情，刘刚在院子里给自行车胎打气，宁琴坐在炕上看马美如（陕西靖边人，唱陕北民歌的网红博主）的视频，写作业的孩子们时不时地被手机里传出的声音吸引，抬起头看看又继续写作业。遇到不会的题孩子们会习惯性地空着，等着第二天去学校问老师。孩子们的日常作业不需要网上提交，也没有在线打卡，手机在孩子们的学习过程中参与度很低。

晚上八点，刚上一年级的小儿子 LWQ 已经写完作业，他拿着妈妈的手机开始打游戏。两个女孩无事可干，只能去隔壁奶奶屋子里看电视。九点多，一家人准备睡觉。躺在炕上，宁琴很快睡着，LWQ 拿起妈妈枕头边的手机继续看动画片，直到十点多，他才放下手机睡去。漆黑的屋子里，爸爸刘刚的手机依旧亮着，幽幽地闪着蓝光。

三　作为感知的时间观念：智能手机对亲子时间的建构

时间不仅指客观的、机械的时钟时间，还包括社会维度的时间，是一种存在于内心的、可感知的时间观念。在智能手机与时间关系的讨论中，一方面，沿袭传统媒介研究中将时间作为工具的做法，考察智能手机的使用时间；另一方面，要将媒介变迁与时间观念结合，探讨智能手机如何建构新的时间观念。

人类对时间的感知来源于生活经验与文化观念，不同时期、不同地点、不同文化中，时间被赋予不同的价值和意义。正如作家木心所写的，"从前的日色变得慢/车，马，邮件都慢/一生只够爱一个人"。在车、马、邮件都慢的日子，仿佛时光更悠长、更缓慢。现代社会，智能手机高度参与和协调了当代家庭的日常生活，它将日常生活时间的缝隙填满，曾经那种属于自己的、独处的、放空的时间越来越少，取而代之的是媒介化时间。

以往的亲子关系大多建立在亲子双方此时、此地的互动上，而智能手机就像一个电子纽带，将父母与儿童 24 小时连接在一起，为育儿带来了极大的便利。父母即使不在场依然能够履行育儿责任，全天候的远程育儿成为可能。父母们会熟练地使用手机安排协调各类家庭活动，通过手机来定义日常时间，按照手机使用的方式和功能将一天分成不同的单位，从而将手机内嵌于家庭生活的具体日程之中。

智能手机在突破时空限制的同时模糊了育儿时间的边界，父母能够实时参与儿童的日常生活，使双方共处于一种"时间同步"状态中，还能在工作等其他状态下兼顾育儿，使父母育儿功能具备"多重时间性"。这种育儿时间的"实时性"与"多重性"带来了卡斯特①所说的"无时间性"，它调整了我们对育儿的期待，在强化亲子连接的同时也给亲子双方都带来了巨大的压力。一方面，整个社会要求父母随时"在线"，随时对儿童的需求做出回应，随时履行父母的责任；另一方面，父母希望儿童能随时接听电话，能随时处于他们的监控之下。

> 我感觉从生孩子以后就没有休息的时间，无论在家还是上班，哪怕我去外地出差，我还得想着几点要给婆婆打电话去学校接娃，几点得给他叫车去上网球课，晚上他不会写的作业我还得辅导，人家超市都是轮休的，我就是一年 365 天、一天 24 小时无休的，太累了。
>
> 西安市五年级男孩 WCJ 的母亲
>
> 特别焦虑，除了睡觉时间，手机一天不离手。上班的时候我最怕接到的就是老师的电话，只要他们老师一打电话，我就心跳加速，想着他是不是又在学校闯什么祸了，或者是考试没考好，反正肯定没什么好事儿。一般情况就是老师上来就是一顿批评，好像这个孩子所有的错都是我的，学校一点儿责任都没有。
>
> 西安市二年级男孩 JYC 的母亲
>
> 我妈就是会随时让我给她发定位看我在哪，说怕我遇到危险，可是我有时候就是不想让她知道我在哪，也不是说我去了什么不好

---

① 〔美〕曼纽尔·卡斯特：《网络社会的崛起》，夏铸九、王志弘等译，社会科学文献出版社，2003，第47页。

的地方，就是不想给她发，但是不发的话她就会很生气，回家肯定
要说我的。

西安市六年级男孩 YZC

随时随地可联络的状态，造成了生活节奏加快，无形中增加了父母的"育儿压力"。对于城市中的父母来说这种感受尤为明显，他们不自觉地被这种压力裹挟、规训，时刻准备着处理各种育儿琐事。访谈中许多家长提到最幸福的时间是"孩子睡着后的手机时间"，当一天的忙碌结束，孩子睡去，这些疲惫的父母们并不想立刻睡去，而是利用这难得的"属于自己"的时间刷一会儿手机，这个行为甚至成为许多人的睡前仪式。从清晨到夜晚，在日复一日的生活中智能手机被自然地整合进家庭活动的不同时间单元，它占据了当代家庭的大量时间，建构了家庭日常生活的时间表，在潜移默化中影响了人们对于时间的体验与感知。

四　作为权力的时间：亲子之间的权力博弈

智能手机的使用实践是技术的，也是文化的，它嵌入家庭权力关系和时间结构之中。不同的社会群体对待媒介时间的态度是不同的，他们的时间观念也是不一样的，社会、文化、经济等因素都会影响甚至塑造时间。

调查中发现，对于西安市的家庭而言，手机使用时间通过与之相关的规则明确参与家庭生活。儿童的日常生活有明晰的"手机日程表"，家长们会严格限制儿童的手机使用时间，并具体规定儿童"单次使用一般不超过一小时""只能看半小时"等。家长们还会通过屏幕使用时间等软件来细化管理儿童的手机使用方式，具体规定儿童使用某个 App 的时长。时间已成为城市父母重要的育儿资源，他们会在儿童表现好的时候奖励他们手机使用时间，或者在他们表现不好的时候减少甚至剥夺他们的手机使用时间，当然，这里的表现好或不好主要是学习成绩的好

坏。在海则滩村，亲子双方针对手机使用时间尚未建立起具体的规则，父母对手机使用时间的要求大多是"一会儿""一阵儿"等比较模糊的表述。

> 在玩之前我们会约定一个时间，比如看二十分钟或者半小时，周末的话，时间能长一点儿。如果她能遵守时间约定，我会多奖励一点时间，但如果到时间还拖延的话，第二天就不能玩手机。我希望她能拥有时间管理的能力，培养自律的习惯，这对她今后的学习来说非常重要。
>
> 西安市三年级女孩 RGY 的母亲
>
> 你像我们开店（在村里开小卖部）一天都很忙，两个人从早到晚都在店里，哪有空管他呢，有时候放假他就一天都在看手机，我跟他说你看一会要学习呢，他嘴上答应，可是没人管，他可不是一天都在看手机嘛。
>
> 海则滩村二年级男孩 XLZ 的母亲

此外，"时间就是权力，这对于一切文化形态的时间观而言都是正确的。谁控制了时间体系、时间的象征和对时间的解释，谁就控制了社会生活"①。在家庭生活中，时间控制背后同样是一个权力的问题，制定日常生活时间表的是处于家庭权力中心的人。时间是公平的，每个人的一天都是 24 小时，正因如此，亲子关系中对时间的争夺时有发生。

研究发现，在西安市的家庭中，家庭时间的控制者大多是母亲，她们在家庭中承担着更多的育儿职责，管理着儿童的手机使用时间。亲子双方对于手机使用时长有明确规定和共识，因此，当规定使用时间到了之后，儿童难抵手机的吸引，会想办法拖延，表示"再玩 5 分钟""马上看完"等，但整体而言，双方对时间的争夺不会过于激烈。

在海则滩村，儿童的手机使用时间很大程度上不是由父母的个人意

---

① 吴国盛：《时间的观念》，商务印书馆，2019，第 120 页。

愿决定的，而是由家庭生活的具体状态决定的。因此，儿童的手机使用时间变化幅度较大。当父母比较忙碌无暇顾及孩子的时候，手机就成为"电子保姆"在家陪伴孩子。在没有父母看管的情况下，儿童会长时间地使用手机，有的孩子在周末的手机使用时间甚至超过了 10 小时。

通过考察城乡家庭不同的手机使用时间，我们看到的不仅是媒介消费习惯的差异，它背后折射的是每个人对于手机的不同态度，以及家庭微观权力关系和社会宏观结构的差异。

五　时空背后：驯化实践与家庭权力关系

福柯[①]认为，权力总是以某种具体的时空姿态到场。新的家庭时空不仅是物理空间，还是由家庭关系生成的社会空间。智能手机与家庭时空相互作用势必会解构原有的家庭空间秩序与媒介格局，挑战既有的家庭结构与权力关系。家庭成员对智能手机的使用实践暗含了每个人对于家庭权力结构和家庭规则不同的理解与想象。本书中的儿童都是小学阶段的学龄儿童，父母在家庭中是规则的制定者，他们决定儿童是否可以使用手机、在哪使用、使用多久等。当然，规则的制定并不是父母绝对权力的体现，一定程度上它是亲子之间不断妥协、协商、博弈的结果。

> 我们不禁止她看手机，小孩也需要娱乐，但是她看手机之前必须经过我们的允许，一般她都会问我能不能看会儿手机，然后说好一个时间，一般就是半小时，偶尔放假没事看一个小时都可以，但到时间了就得把手机还给我。
>
> 西安市五年级女孩 ZLY 的母亲

其实我和我妈之间已经形成默契了，我如果要玩手机的话，就得赶紧把作业写完，练完琴，她看我所有事都搞定了就很开心，就肯定会同意我玩手机的。其实，我妈也知道我的套路，她看我在她

---

① 〔法〕米歇尔·福柯：《规训与惩罚：监狱的诞生》，刘北成、杨远婴译，生活·读书·新知三联书店，1999，第 17 页。

跟前各种表现，就会说，你是不是又想玩手机呀？所以我看手机的
时间都是我辛苦表现换来的。

西安市五年级女孩 ZLY

这很不公平，大人就可以随时看手机，尤其是我爸，每次都不
让我看手机，但是他自己就一直在那看手机，他自己喜欢打游戏，
不让我打游戏。

西安市五年级男孩 WCJ

智能手机成为家庭成员权力博弈的载体，它安排甚至创造了家庭空
间。在西安市的受访家庭中，我们看到父母双方会不同程度地参与儿童
的学习与生活。基于不同的角色分工，每个家庭实践出了不同的权力关
系。在西安市，有的家庭是父亲负责孩子的学习，母亲负责孩子的生
活；有的家庭中父母都参与孩子的学习生活；在二胎家庭中，夫妻双方
往往会每人负责一个孩子。海则滩村的家庭中，往往是母亲负责照顾儿
童的生活，父亲负责挣钱养家，由于受教育程度低，父母双方对儿童的
学习参与度都很低，无能为力的结果是放任不管。

我爸天天在沙发上看他的手机，妈妈陪着我写作业，写完作业
了我会拿手机放歌听。

西安市二年级女孩 QYJ

反正我们家晚上的时候经常就是都在看手机，只要作业写完
了，我妈就不管我，我们各玩各的，我弟弟就看电视，他太小了，
只会看动画片。

海则滩村二年级女孩 SRH

我和他爸爸也都辅导不了他，他爸小学都没上完，上到三年
级，我小学倒是念完了，但是他现在的作业我都不会，我就是给他
说你要写作业呢。

海则滩村三年级男孩 LWB 的母亲

家长的受教育程度等现实因素明显影响到手机的使用实践，他们对家庭规则的制定不仅是亲子双方博弈的结果，同时也是家庭成员个人情况和育儿理念的体现与缩影。海则滩村的父母由于受教育程度普遍较低，无法深度参与儿童学习。对于受教育程度较高的城市父母而言，他们有能力参与儿童的学习和生活规划，彼此之间也有着较为清晰的家庭分工，并以此为基础实践出了一套较为固定的、清晰的家庭手机实践规则。

> 她是特别自律的孩子，做事有规划，能把自己的生活安排得很好，从一年级开始，我们会每周做一个 schedule（时间表），会详细安排她的时间。现在她都是自己安排时间，每周日她都会把时间表写在这个小黑板上。去年小区封了四十多天，一开始，她整天都盯着 iPad，上完网课就看短视频，没几天眼睛就不行了，老是眨眼睛，当时去不了医院，只能把网课停了三天。后来我说你要合理安排时间，要什么时候学习什么时候玩你得自己规划。我觉得把决定权交给孩子是一个很好的方法，她自己定的时间表她就会主动地执行。
>
> 西安市三年级女孩 RGY 的母亲

家不仅是一个物理空间，还是一个社会文化和经济单位，是一系列关系和意义生产与消费的地方①，是象征性的领地和权力关系的中心②。手机在家庭的公共或私人空间的出现或隐藏与家庭分工模式和性别权力密切相关。父亲在家里可以随时随地使用手机，他的手机更有可能出现在客厅等公共空间，他们会使用手机继续处理日常工作、维持社交关系

① Silverstone, R., & Haddon, L., "Design and the Domestication of Information and Communication Technologies: Technical Change and Everyday Life", in Marshell, R., & Silverstone, R. (eds.), *Communication by Design: The Politics of Information and Communication Technologies* (Oxford: Oxford University Press, 1996), p. 87.

② Morley, D., & Silverstone, R., "Domestic Communication—Technologies and Meanings", *Media, Culture & Society*, Vol. 12, No. 1, 1990: 31-55.

或者娱乐放松。母亲承担着更多的育儿职责，她们花更多的时间照顾儿童，在家庭生活中母亲脱离育儿职责单独使用手机的场景极为罕见。隐含的性别权力为男性提供或创造了使用手机和支配家庭时空的自由，它是家庭权力关系的具体呈现，与电视时代父亲拥有遥控器的使用权在本质上是一样的。

第四节　转化：手机实践方式与家庭驯化痕迹

"转化"指的是不同阶层的家庭通过不同的手机实践方式赋予媒介技术角色定位与文化意义的过程，在这个过程中，媒介技术被赋予独特的驯化痕迹。

家庭作为社会中最基本的单位，其所有的活动和决定都受到经济条件的约束和文化因素的影响。手机作为象征性资源，其转化过程受家庭经济条件和文化背景影响显著。中国城乡家庭中父母的社会经济地位和受教育程度等都存在较大差异，不同家庭赋予智能手机不同的期望与想象，其对待手机的态度和实践方式迥然不同。在海则滩村，拥有智能手机的儿童数量较多，他们用手机打游戏、看短视频，手机对他们而言是一个娱乐工具。他们之中很少有人将智能手机视为学习工具，除了疫情防控期间的在线课程外，手机几乎不会参与他们的日常学习。我们详细记录了海则滩村六年级女孩 GJY 一周（2021 年 9 月 6～12 日）的手机使用情况（见表 4-3）。观察发现，GJY 对智能手机的使用主要集中在抖音、快手等短视频平台和王者荣耀、蛋仔派对等游戏平台上，在这一周中，完全没有使用过教育学习类软件。

表 4-3　海则滩村六年级女孩 GJY 一周手机使用情况

单位：分钟

时间	使用 App	使用时长	使用内容
9 月 6 日	抖音	150	短视频
	微信	30	社交、视频号

续表

时间	使用 App	使用时长	使用内容
9 月 7 日	抖音	130	短视频
9 月 8 日	抖音	50	短视频
	王者荣耀	40	游戏
9 月 9 日	抖音	140	短视频
	拼多多	30	购物
9 月 10 日	快手	90	短视频
	王者荣耀	60	游戏
9 月 11 日	抖音	130	短视频
	蛋仔派对	190	游戏
9 月 12 日	抖音	130	短视频
	蛋仔派对	110	游戏
	王者荣耀	190	游戏

我估计她就是拿手机打游戏、看视频，再还能干啥？我也不知道，反正她一放学就拿这个手机，有时候实在没办法了也吼也打，可是娃娃也不能一直打啊。

海则滩村六年级女孩 GJY 的母亲

主要就是打游戏嘛，现在的娃们都是被这个游戏给害了。

海则滩村六年级男孩 ZK 的父亲

我爱看那种做饭的视频，就不是真的做饭，是一种玩具，可以做冰激凌、蛋糕什么的，这些玩具都很好看，我看得最多的就是这种视频。

海则滩村二年级女孩 SRH

打游戏啊，我的手机就是用来打王者、吃鸡的，以前我的手机是我爸用过的旧手机，动不动就卡住了，假期我爸给我买了一个新的，新手机 2000 多块钱，特别快，打游戏特别爽。

海则滩村六年级男孩 ZYG

儿童对于智能手机的认知和使用习惯明显受到家庭环境和父母的影

响。在海则滩村，家长们会长时间地使用手机社交、购物、看短视频、打麻将等，最常使用的软件是微信、快手、抖音、拼多多等，手机上几乎没有与学习相关的软件，手机被驯化成一个功能单一的娱乐工具，占据着大量的休闲时光。

> 那些（学习软件）我都不懂，我们不会用，我们没文化，小学都没毕业，他们作业我哪能看懂呢？他们娃娃们应该会弄这些（学习软件），他们用手机用得可溜（当地方言：熟练）了，但是他们拿着手机就会耍，根本不会学习。
>
> 海则滩村六年级男孩 ZYG 的母亲
>
> 哪会学习呢，拿起手机肯定就是打游戏么，现在大了我也管不住了，学习成绩特别差，可是我们能有什么办法，其实就不应该给娃娃买手机，可是没办法，他天天给我说人家都有呢，就他没有，我们只能给他买，可是现在一天光耍手机，估计初中也考不上，没办法，这些娃娃不懂事嘛，现在光顾着耍呢，长大以后受苦呢。
>
> 海则滩村六年级男孩 ZK 的母亲

在海则滩村的家庭中，无论是父母还是儿童，他们对手机的使用模式都局限在娱乐功能上，对其他功能缺乏探索的动力和能力。以娱乐为主导的手机实践无法给乡村儿童带来更多的教育资源，相反，手机占据了儿童的学习时间，使得父母对手机的态度越来越负面，亲子之间极易爆发矛盾。

在西安市的家庭中，智能手机被赋予很高的教育期待，家长们希望手机成为寓教于乐的载体，他们会为儿童下载各类学习软件，保证儿童能充分享受到技术赋权带来的丰富的教育资源。我们详细记录了西安市三年级女孩 YZT 一周（2021 年 9 月 6~12 日）的手机使用情况（见表4-4），从中不难看出，智能手机对于 YZT 来说更多的是一个学习工具而非简单的娱乐工具，大多数时间，她会使用手机进行作业打卡、参加在线课程等，只有在周末，她才会使用手机进行娱乐休闲活动。

表 4-4　西安市三年级女孩 YZT 一周手机使用情况

单位：分钟

时间	使用 App	使用时长	使用内容
9 月 6 日	钉钉	20	作业打卡
	小叶子智能陪练	30	练习钢琴
9 月 7 日	钉钉	20	作业打卡
	简小知	30	练字
9 月 8 日	钉钉	20	作业打卡
	小叶子智能陪练	20	练习钢琴
	伴鱼英语	30	在线英语课程
9 月 9 日	钉钉	15	作业打卡
	小叶子智能陪练	30	练习钢琴
9 月 10 日	微信	40	与同学聊天 与奶奶视频通话
	趣配音	30	英文电影配音
	小红书	30	与妈妈一起看短视频
9 月 11 日	简小知	30	练字
	直播云	90	在线数学课程
	腾讯视频	60	动画片
9 月 12 日	小叶子智能陪练	30	练习钢琴
	钉钉	30	作业打卡
	伴鱼英语	30	在线英语课程
	喜马拉雅	60	收听音频节目《米小圈上学记》《太空狼人杀》等
	小红书	60	与妈妈一起看短视频

　　我平时看手机大多在上班时间，下班后我除了工作或者接打电话，一般不会拿着手机玩，俩孩子都在学习，我看手机他们就会抗议，说我啥事没有只会玩手机。一般周内他们写完作业就要睡觉了，早的话我就陪着他们下楼走走，他们一天的运动量太少了。

西安市三年级女孩 YZT 的母亲

我的手机上应该有不下二十个 App（与学习相关），一开始放在一个文件夹，后来我都是分类建了不同的文件夹，有英语课、作文课、思维课，在线课程很方便，不用来回接送，省了很多时间，而且"双减"以后线下教育很多都被取缔了，她现在很多课外班都是在线的。她特别喜欢听故事，我觉得听音频挺好的，我在少年得到、荔枝 FM 上给她买了好多付费音频，可以听书或者广播剧，没事儿的时候听听可以学到很多东西。

西安市四年级女孩 LYT 的母亲

现在学习生活都离不开手机，他们学校经常要交实践作业，要查资料、写报告，查资料是一个很好的学习方法，但是网上的资料太多了，得学会判断哪些信息是有用的。今年假期我们准备去杭州玩，我就让他自己在网上找攻略，看酒店，最后我们一起定一个行程。其实，这都是锻炼，小孩成长不仅有学习，还要有计划生活的能力。

西安市四年级男孩 HYQ 的父亲

西安市的父母认为智能手机是学习生活的重要工具，他们赋予智能手机更多功能，对手机的态度更为开放包容，他们相信手机的教育价值，鼓励儿童运用手机解决生活难题、寻找学习资源、探索未知世界。在手机融入家庭的过程中，西安市的父母对智能手机更为警惕，他们希望能为儿童创造一个可控的媒介环境，会积极参与儿童使用手机的过程，并有针对性地提供指导意见与建议。

海则滩村儿童的手机使用行为相较于城市儿童更为单一，主要集中在刷短视频和打游戏上。本书发现，乡村父母的手机使用技能和媒介素养与儿童使用手机的行为之间存在显著相关性。具体来说，乡村父母手机使用技能越低，儿童使用手机打游戏和看短视频的频率越高、时长越长；乡村父母媒介素养越低，儿童对手机游戏的沉迷程度越深。

在海则滩村，由于信息获取渠道有限和教育资源不足，父母的手机使用技能和媒介素养普遍较低，他们在手机使用过程中以休闲娱乐为主，少有人将手机作为提升自我的工具。这种现状使得乡村儿童在使用手机时，缺乏正确的引导和监督，容易沉迷于游戏和短视频，对其成长产生不良影响。

通过手机在不同家庭环境中转化的过程我们看到了城乡家庭之间真实存在的"区隔"。乡村儿童由于家庭条件限制，无法获得更好的社会资本，他们的父母亦无法给他们提供太多的帮助，所有这一切都以家庭为中介被代际传递下去。对城市儿童而言，智能手机既是娱乐工具也是社交工具和实用性工具。他们能通过与手机的互动积累更广泛的社会资源、构建更广泛的社会关系，能将智能手机的使用转化为更多的社会资本。智能手机对他们来说不仅是成长道路上的玩伴，更可能成为良师益友。

智能手机在中国城乡家庭中的驯化过程是一个将外来物品转化成家庭象征的过程，它受经济文化背景和社会结构影响。中国城乡家庭在思想、品味和行为习惯等方面都存在巨大差异，不同的生活方式与"惯习"形成了不同手机实践行为。智能手机在家庭中并入的过程，是不同阶层生活方式实践的缩影，智能手机身上携带了不同家庭的使用痕迹，具有高度的象征性，成为阶层的身份象征。

第五节　去驯化：智能手机的再驯化过程

本书发现，智能手机的"去驯化"过程与其"驯化"路径一致，经历了"再占有""再客体化""再并入""再转化"四个阶段。在智能手机的"再占有"阶段，无论是自己拥有手机还是使用父母的手机，儿童往往都并不掌握手机的绝对所有权，父母会根据学期时间安排、学习成绩等构成的具体情境决定儿童的手机使用模式，减少甚至阶段性地剥夺儿童使用手机的权利，对已经购买使用的智能手机进行"再占有"。

有一次我妈就把我的手机收走了，因为我考试考得太差了，她说要是下次还考这么差，就再不给我手机了。

海则滩村六年级男孩 ZYG

娃娃还要人管呢，他自己管不住自己，买了手机就天天玩，马上小学毕业了，他要是再这么耍下去，初中的时候就不能把手机给他了，所以前段时间他考得不好，我就把手机给他收走了，那天他和我要呢，我说得等期末考试完才给他呢。

海则滩村六年级男孩 ZYG 的母亲

她小时候每天放学回来都看两集动画片，我和她爸爸觉得小孩看看手机也挺好的，我们从小也是看电视长大的，现在不能不让孩子看手机。但她现在年级高了，作业也多，只能就是周末看看。

西安市五年级女孩 ZLY 的母亲

Hertlein[①] 认为，对于经历不同生命阶段的个体，必须重新引入同样的人工制品，并基于新生活对其进行一些调整甚至驱逐。虽然在"占有"阶段，智能手机已经被引入家庭，但随着环境的变化、年龄的增长，父母会不断调整使用策略，制定新的使用规则，将智能手机重新整合进日常家庭生活，构建出一种动态的、调整的"再占有"模式。

"再客体化"阶段是家庭成员对智能手机在家庭空间中进行重新安置的过程。手机高度便携，它在家庭中并没有固定的摆放位置。正因如此，手机几乎出现在家庭的任何一个角落。对于如何在家庭空间内安置手机，海则滩村和西安市的家长采取了不同的策略。由于海则滩村的儿童大多拥有自己的手机，因此，家长经常会以"考试成绩不好"等为理由拿走儿童的手机，将手机"锁在柜子里"或者"藏起来"。西安市的儿童大多没有自己的手机，他们只能利用碎片时间使用父母的手机，因此，父母们会有意识地把手机放在不太显眼的位置，使儿童无法随时

---

① Hertlein, K. M., "Digital Dwelling: Technology in Couple and Family Relationships", *Family Relations*, Vol. 61, No. 3, 2012: 374-387.

随地拿到手机，进而减少儿童使用手机的时间和频率。此外，他们也会在特定的空间禁止手机进入，比如，尽量不把手机带进卧室，培养儿童在晚上睡觉前阅读的习惯，或用亲子间讲故事的方式来代替手机时间。

> 她小时候我每晚都给她讲故事，（她）四岁多时我在荔枝FM注册了一个账号，我们会一起在上边讲故事，现在回过头来听觉得特别美好，是一段很珍贵的记忆。现在上班太忙了，有时晚上回来很累，她也慢慢大了，那种美好的睡前时光就没有了，我现在晚上十点关机，已经坚持快一个月了，感觉还挺好的，晚上我俩可以一起看看书，挺温馨的。
>
> 西安市三年级女孩RGY的母亲

当然，智能手机嵌入的并不仅仅只有家庭物理空间，更重要的是，它连接了家庭成员与社会空间。手机作为重要的育儿工具，它不仅连接了亲子双方，还有效连接了儿童、学校与家长。因此，在手机的"去驯化"过程中，家长们虽然会改变、调整甚至剥夺手机在家庭物理空间中的存在，但很难彻底将手机从社会空间中抽离。

> 他每天的作业要在钉钉群里打卡，老师还会在群里发各种通知，你不可能不看这些东西，也离不开手机。
>
> 西安市五年级男孩WCJ的母亲
>
> 不可能完全不用手机，工作、生活，哪样能离得开手机呢？我觉得还是控制好一个度，别沉迷手机就好。
>
> 西安市五年级男孩WCJ的母亲

在"再并入"的过程中，人们尝试用各种方式减少、限制智能手机的使用时间，并将这种实践并入新的家庭日程表和生活秩序之中。本书发现，控制手机使用时长是家长参与儿童手机实践的重要手段，也是智能手机并入家庭生活的必经之路。在海则滩村的家庭中，父母们采取的策略是用空间限制时间，他们将手机从儿童的日常生活空间中直接移走，从而达到控制儿童手机使用时间的效果。

> 最有用的就是把手机下了（当地方言：拿走），有时候实在没办法就把手机抢走，我们这个娃娃还是挺听话的，你把手机拿走了，他也就不要了。不然的话，有时候拿着就一晚上地偷着看手机。
>
> 海则滩村三年级男孩 LWB 的母亲
>
> 因为我在网上乱花钱，我妈就把手机拿走了，一学期都没给我，我也可生气了，和她吵了一架，我不知道她把手机放到哪了，我在家里都找遍了也没找见，我就有时候用我姐姐的手机耍一会儿，可是她也要用呢，一般也不给我。
>
> 海则滩村四年级男孩 MYX

西安市的许多受访对象则尝试用屏幕使用时间、Forest 专注森林等软件来管理时间，希望通过技术手段限制手机的使用时长，通过细致入微地规定某些 App 的使用时间建立更规律、更合理的日程表，并通过这种具体的时间管理将智能手机重新并入他们的日常生活。不同家庭会根据具体的情境管理手机使用时间、安排家庭日程表，当然这种协商不可能一成不变，它会始终处在一个不断调整、来回反复的动态过程之中。

> 我给自己设了一个总的使用时长，一天使用手机的总时间不超过 3 小时，然后我把抖音和小红书的使用时间限定在半小时，我还关闭了朋友圈和影音号，因为我发现在这几个软件上浪费的时间最多，我希望我能坚持下去，放下手机以后最大的改变是我没那么焦虑了，因为你不看朋友圈了呀，没有对比就不会焦虑。
>
> 西安市一年级男孩 GHY 的母亲
>
> 我娃最近动不动把我的手机拿走了，所以在家的时候就会把手

机调成限制模式，只允许钉钉和微信使用，其他软件都禁用，他拿起手机看一圈没啥玩的就自动放下了。

西安市二年级男孩 JYC 的母亲

按照 Silverstone① 的说法，"再转化"指我们通过把智能手机纳入日常生活节奏的方式来表达自己的价值观，或将其作为一种身份的象征向别人呈现并寻求认同。不同家庭对智能手机的"去驯化"实践暗含着家庭成员对于手机的态度与认知。对于海则滩村的父母而言，智能手机是一个游戏机，是一个单纯的娱乐工具，为了减少手机对儿童学习的影响，他们选择强行将手机从儿童的日常生活中抽离，结果导致亲子间矛盾的爆发。

有一回和我妈大吵了一架，她直接把我的手机给砸了，屏幕碎了，还把我打了一顿，她就一直骂一直骂，我把自己关在厕所不出来，我想着你要是不给我买新手机，我就不去学校了。

海则滩村六年级女孩 GJY

我拿手机也不是纯粹玩呢，我一个哥哥给我说看电影能学英语，结果我爸看见了就直接把手机抢走，说快去写作业，我给他说我就是在学习，他不信，还说我胡说，根本说不通，但我心里就特别委屈。

海则滩村六年级女孩 LWL

对于西安市的家庭来说，手机是基本的生活用品，父母希望通过控制儿童的手机使用时间、使用内容等方式构建家庭生活秩序，他们对于手机的需求更为强烈，很难完全斩断与手机的联系。因此，他们会在生活中不断实践，尝试协商出亲子双方都能接受的使用模式。可以看到，"再转化"的过程不仅是关于智能手机的实践，更反映了不同家庭对智能手机以及其与他人和外部世界关系的看法。

---

① Silverstone, R., *Television and Everyday Life* (London: Routledge, 2003), p. 51.

智能手机已成为当代儿童生活方式的重要组成部分，很难将它从儿童的生活中彻底剥离。在他们的生活中，在线、线下的界限越来越模糊，即使在不使用手机的时候，手机里的视频内容、游戏等依旧是儿童沟通交流的重要内容。手机不仅占据了儿童的时间，更培养了一种交流和思考的方式，访谈中我们发现，孩子们发明出一种"手写聊天群"的游戏，他们会在练习本上手写聊天群，其形式、内容与微信聊天群无异，他们甚至还会在这个"聊天群"中手绘表情包。智能手机已深度卷入儿童的生活，即使父母们出于种种顾虑想要拉开手机与儿童的距离，这种抵抗也往往是阶段性的，长期来看，大多陷入"使用—限制/禁用—再使用"的循环往复之中。这种反复波动的动态模式普遍存在于日常生活之中，它不是简单地将媒介技术从生活中移除，也并非毫无意义的抵抗。相反，它实践和再生产了一种智能手机嵌入家庭生活中的常规机制。

第六节　本章小结

中国城乡家庭对智能手机的驯化过程不是单向的人对技术的控制，也不是技术对人的绝对影响，而是家庭成员以手机为中介不断协商、互构的双向过程。一方面，智能手机重构了中国城乡家庭的媒介化情境与亲子关系；另一方面，智能手机的驯化实践是家庭分工、权力关系和社会结构模式下媒介传播技术消费实践的缩影。本章通过深入调查中国城乡家庭中人与智能手机双向驯化的实践过程，详细展现了不同家庭中家庭成员、技术与社会结构彼此型构的过程。

一　智能手机中介下的家庭传播场域

智能手机已然成为当代家庭的重要组成部分，它给原有家庭结构与权力关系带来极大挑战，并在一定程度上建构了新的家庭媒介生态与传播场域。这具体体现为以下两个方面的变化。

首先，智能手机突破时空限制，丰富了家庭成员的沟通方式，形成了新的家庭日程表，极大地改变了家庭成员对"家"的感受和日常生活方式。智能手机使"家"的概念不断延伸，不再局限于同时共地的家庭互动，实现了"远程育儿"，使亲子之间的连接方式和可能性大大增加。同时，手机的介入带来了家庭成员身体在家而彼此区隔的生活场景，造成亲子间"缺席的在场"。

其次，智能手机改变了家庭互动方式与对亲子关系的想象。电视媒介时代，一家人共同观看电视，共同的媒介消费内容可以为家人提供沟通交流的话题，彼此基于共同话题展开交流。智能手机时代，家庭成员消费的媒介内容各有不同，可供家人交流和互动的媒介内容逐渐消失，人们因此担心手机会带来亲子关系的疏离。但与此同时，个性化的信息消费也促进了儿童主体性的建立，带来了更为平等和多元的亲子交流方式。

每个时代都会有新的技术产生，当一个新技术问世，人们经常会陷入好与坏的两极争论。对技术保有乐观态度的人为手机等数字媒介技术欢呼，张开双臂热情拥抱新技术，并期望新技术能带来一个理想的完美世界。技术悲观主义者则担忧人类会沉迷新技术，逐渐沦为技术的囚徒。智能手机与其他媒介技术一样，它在不同家庭环境和社会结构中会通过实践形成不同的意义，一方面，它极大拓展了亲子之间连接和沟通的可能性；另一方面，它的出现肯定会打乱原有的家庭秩序，进而遭受批评。

在中国城乡家庭中，人们对智能手机的驯化正在经历"驯化—去驯化—再驯化"的磨合适应期，每个家庭都在实践的过程中不断协商、制定新的行动规范，并随时做出调整。我们很难对手机在家庭中的角色一概而论，也无法对此做出一个结论性的判断，仅希望能通过研究呈现一个具体的、动态的、复杂的驯化过程。

二　不同家庭中智能手机的驯化实践差异

家庭是一种资源系统，在这个系统中，符号与物质资源被动员进入家庭内的运行。^① 同样，智能手机不仅是一个媒介物，更是一种社会资本、社会文化与社会关系。家庭的媒介使用本质上是人、媒介技术与社会现实相互勾连、彼此型构的过程。中国城乡家庭在符号价值、物质资源以及社会结构中占有的资本完全不同，这种差异非常明显地卷入了家庭的媒介驯化实践，形成了不同的驯化路径。

在中国乡村家庭，智能手机的驯化过程潜藏着较为激烈的矛盾与冲突。从家长最初购买智能手机的动机来看，大多数人认为手机是孩子"学习成绩好的奖励"，希望通过这样的话语来掩盖真实的购买目的、进一步合法化他们的购买行为。但从实际使用情况来看，手机对学习的帮助很小甚至起到相反的作用，许多亲子矛盾都来源于此。调查发现，许多家长为儿童购买手机的潜在原因是手机可以减轻自己的育儿压力，能够作为"电子保姆"代替自己陪伴孩子，客观上导致父母陪伴儿童的时间越来越少。从使用方式来看，乡村家长由于受教育程度普遍较低，缺乏较好的媒介素养和使用能力，他们将手机定位为娱乐消遣的工具，无法将其整合进更多元的使用场景，无法享受技术赋权带来的社会资源。这种消费认知与使用习惯传递到下一代，很大程度上影响了儿童的手机使用模式，并最终导致智能手机在乡村家庭被驯化为一个浪费时间、耽误学习的娱乐工具。

在中国城市家庭中，智能手机被驯化成为一个功能多样的媒介物，并在持续的家庭实践过程中建构出一种新的数字生活方式。城市家庭中的父母受教育程度高，能赋予智能手机不同的功能定位与想象认知，能将其广泛整合到日常工作、学习、娱乐和家庭生活之中，并实践出一套更加有针对性、更细化的媒介消费模式。城市父母拥有更高的媒介素养、更多的社会资本，他们有能力为儿童提供一个选择丰富的媒介环境，也能够为儿童提供更多建议、帮助儿童合理使用手机，并将之转化

① Silverstone, R., & Haddon, L., "Design and the Domestication of Information and Communication Technologies: Technical Change and Everyday Life", in Marshell, R., & Silverstone, R. (eds.), *Communication by Design: The Politics of Information and Communication Technologies* (Oxford: Oxford University Press, 1996), p. 92.

为有效的社会资源。在亲子关系的维护中，父母会借用手机与孩子远程进行情感沟通，并能利用手机深度参与"远程辅导作业""安排生活细节"等具体的育儿事务。在各种具体而细微的家庭互动中亲子之间建立了更强的连接，并借此实践出了一个更为丰富、广阔的"家"。

第五章　新家庭：中国城乡家庭场域的数字化重构

今天，数字媒介对日常生活的渗透程度超过了以往其他形式的媒介技术，数字媒介已经不是简单的技术工具，而是我们赖以生存的世界。亲子双方通过手机联系彼此、沟通日常、安排生活，智能手机是儿童数字化成长道路上的重要陪伴和家庭生活的重要中介。智能手机深度渗透人们的日常生活，对原有家庭结构造成巨大冲击与改变，形成了新的家庭传播场域。

第一节　共在还是区隔：数字时代下的家庭传播场域

一　作为家庭连接工具的智能手机

智能手机使随时随地的沟通成为可能，并提供了文字、图像、声音等多种沟通方式，使得各个家庭成员可以身临其境地参与彼此的日常生活，保持不间断的联系。智能手机已然成为重要的家庭连接工具（family connecting technologies，FCTs），像电子纽带一样维系亲子之间的日常沟通、维持彼此的情感交流、为双方提供情感和社会支持，进而在实践中形成一条重要的亲子共在途径。

> 我工作比较忙，又经常出差，我和孩子经常用手机联系，比如，她每天放学我都会先给她打个电话，聊一下她在学校的情况，

因为有时候我加班回去太晚她就睡了，第二天早晨我起来的时候她还没起床，虽然都在家，但是都见不到。我出差碰到好玩的地方或者一些有趣的事情，我会拍成视频发给她，或者有时间的话会和她视频聊天，我想让她看到更多的地方，但现在疫情影响，我们一家人两年都没有出去旅行。

西安市五年级女孩 ZLY 的父亲

假期我们没人带他，只能把他送回爷爷奶奶家，刚开始把他送回去我挺不习惯的，特别想他，就会一直和他视频，他吃饭的时候我就让我妈把视频开着，看着他吃饭我就觉得很开心。人家经常说不是孩子离不开父母，而是父母离不开孩子，确实是这样。幸好现在联系方便，想他的时候可以随时视频。

西安市一年级男孩 GHY 的母亲

智能手机作为 FCTs，中介着亲子之间的联系。除了作为通信工具保持联系、参与远程育儿，它还提供了各种虚拟共在的情境，比如，家人之间随时分享生活中值得记录的时刻，共享家庭日程表、位置、运动轨迹等，家庭成员通过在延伸的虚拟空间的互动感知彼此的存在、增强亲子之间的亲密感与对家庭的归属感。但这种基于技术的亲子共在要求使用者具有较高的媒介使用技能和媒介素养，它更多地出现在城市家庭之中。

我们一家人都有这个习惯，走到哪都会给对方发个定位，比如我出差，一下飞机我就会给我老公发一个位置，我觉得这是个很浪漫的事情。我儿子也是，他出去玩的时候我会要求他给我发个定位，一开始是因为他太小了，我担心出去玩不安全，我要随时知道他在哪儿。他现在大了，我也不会主动要求他给我们发位置，但是他好像也形成一个习惯了，和同学出去玩啊或者去同学家，他都会给我发位置，我觉得很暖心，感觉他心里惦记着我。

西安市五年级男孩 WCJ 的母亲

　　我和我爱人都是酷爱做计划的人，喜欢井井有条的生活，我们会一起做周计划表、月计划表，甚至还有年计划表，这个计划表是我们一家人一起做的，比如每周日晚上我们会找个时间把下一周要做的事情全部列出来，然后同步到日历上，这样我们三个人就可以一起执行这个时间表，当我们把一个一个的待办事项完成后，有一种一家人并肩作战、升级打怪的快感。

西安市五年级女孩 ZLY 的母亲

二　智能手机作为微协调手段构建家庭沟通新模式

　　智能手机通过改变日常生活的协调方式而改变了家庭传播场域的生态。相比以往传统的以时间和地点为基础的生活安排，智能手机以一种简单的、灵活的方式代替了以往操作烦琐的协调和沟通方式，将亲子沟通从时间和空间的限制中解放出来。手机是当代父母重要的实时协调工具，以智能手机为连接方式的互动实践大量参与家庭生活时间与空间的安排。例如，父母之间会随时打电话或发微信具体协商由谁接送孩子上下学，接送的具体时间、地点，等等。

　　比如昨天她去同学家玩，本来说下午五点去接她回家，可是去了以后，她们玩开心了不想回来，就给我打电话说想晚上八点再回家。这样一来，我和我老公的计划也得跟着调整，我老公在外边办事，本来计划是我五点去接她回家然后出去和朋友吃晚饭，她临时说要八点回家，我俩只能等到七点多的时候再联系，看谁有时间去接她。

西安市三年级女孩 YZT 的母亲

　　上述情况是日常生活中一个非常普遍的场景，智能手机作为中介不仅提供了一种方便的沟通方式，带来了更为便捷的连接，还允许双方对计划随时做出细微的调整或临时的改变，让父母能更灵活地参与儿童的日常生活，并形成一种更为自由的家庭生活方式。这种微协调不直接依赖时间和空间，更符合快速而多变的现代社会生活节奏。在相互协商的过程中构建了一个以智能手机为中介的新兴家庭沟通模式，父母可以利用智能手机围绕儿童的生活进行"微协商"。

这种"微协商"的沟通机制亦赋予儿童很大的主动性，儿童在这个过程中不是被动的用户，而是参与协商的另一方，这本身就会带来一种更为平等的家庭沟通手段和方式，在不断沟通的过程中儿童的主体性得以建立，并逐渐形成新的亲子关系与家庭传播生态。

三　虚拟与现实的双重隔绝

梅罗维茨说："媒介既能创造出共享和归属感，也能给出排斥和隔离感。"[1] 印刷文字时期的家庭生活中，由于阅读文字作品需要一定的识字水平，形成了儿童世界与成人世界的区隔，由此创造了童年。但是电子媒介的到来使得这种区隔消失，进而造成了童年的消逝。电视是共享媒介，共同观看是最常见的电视消费场景，它不仅为家庭提供了一个了解社会的窗口，也为家人交流提供了共同的话题，促进了家庭交流，加强了亲子关系。

智能手机扩展了家的概念，强化了亲子之间的沟通和连接，构建了一个连接的、共享的、数字的家庭。然而，技术的吊诡之处在于，智能手机将公共生活进一步引入家庭，使得家庭私人空间与公共领域的边界更加模糊、家庭生活更加丰富，通过智能手机的使用，传统家庭的既定边界被拓宽、亲子之间互动与交流的可能性大大提升；但与此同时，智能手机又像一个数字幽灵，它的到来使得家庭中私人空间被公共生活不断突破和挤占，家庭成员们在手机上花费了大量时间，建立了新的数字屏障与界限，生成了高度个人化的私密空间。智能手机将人们困于小小

---

① 〔美〕约书亚·梅罗维茨：《消失的地域：电子媒介对社会行为的影响》，肖志军译，清华大学出版社，2002，第79页。

的屏幕之中，人们热衷于关心远方的人和事，却对身边的人熟视无睹，与近在咫尺的人彼此隔绝。

> 手机是真害人呢，大人娃娃一天到晚地看手机，正事都耽误了。他（孩子的爸爸）心思一天都在那个手机上，我刚还给他说去栏羊（当地方言：放羊）呢，他眼窝都没离开那个手机，你说那不当吃不当穿的，能看出个花来吗？谁不想耍手机，可是家里的事情总是得有人管呢不是？哎，说多了就吵架，可是你不说他一天什么也不干。
>
> 海则滩村二年级女孩 SRH 的母亲

> 我经常会想他们这一代孩子长大以后会变成什么样子，他们的成长过程和我们太不一样了。记忆中小时候我爸一到周末就带着我去踢球，我妈会带各种好吃的坐在场边等我俩踢球。现在想起来这个场景都很温馨，我和我爸之间很少说话，但是在球场上建立起来的这种感觉很奇妙，他是一个指引者，带着我一路向前跑。可是，现在我和儿子之间缺乏这种时间，周末有时间他更愿意在家打游戏。
>
> 西安市四年级男孩 HYQ 的父亲

智能手机频繁出现在当代家庭的各种生活场景中，极大地挤占和剥夺了私人空间。无论是在家人相聚的餐桌上还是温馨的睡前时光中，人们的目光时常被手机屏幕吸引。智能手机在家庭空间内竖起了一道隐形的墙，将共同在家的家庭成员彼此分隔开来，让他们面对面的语言交流不断减少，与身边的人渐渐疏远，亲子之间感知到的情感质量变得越来越差，形成了新的代际隔阂与疏远。

四 家庭"私域"空间的再生产

智能手机的加入无疑改变了公共领域和私人领域的概念，使公共交流和私人交流的性质发生变化。以往的家庭环境中，一家人基于语言的聊天是随意的、短暂的，其传播范围限定在家庭内部，手机进入家庭后，这些随意的聊天随时有可能进入更大的公共领域，产生未知的影响。同时，手机使得育儿无处不在，即使儿童不在家，父母也能通过手机时时刻刻参与儿童的学习、生活，这对亲子双方的私人空间都造成了极大威胁。对于父母而言，他们要随时履行育儿职责；对于儿童而言，他们可能时刻处在父母的监控之下，即使外出，也需要随时接听父母的电话、报告他们的定位等。

> 我妈会在我和同学玩的时候给我打视频，她主要是看看我和谁在一起，她还让我把镜头对着同学，我觉得挺丢脸的，人家都没人打电话来查岗，我妈就特别喜欢干这个事情。
>
> 海则滩村五年级女孩 CQY
>
> 我们有时候聊天会用一些暗号，就是只有我们懂的那些暗号，因为我的 iPad 和我妈的手机是共享的，我的聊天记录我妈都能看到。
>
> 西安市四年级女孩 LYT

随着儿童自我意识的不断增强，他们会借由智能手机的使用创造出属于自己的私人空间。儿童不希望被父母打扰，他们会关上卧室门、给手机设置密码、在朋友圈屏蔽父母等，这些行为释放出一种信号，就像给日记本上锁一样，儿童希望在家这个私人空间中再造一个属于自己的、不被打扰的"私人空间"。

智能手机使得亲子之间能随时随地连接，给父母带来了很大的育儿便利。借用手机这个育儿工具，父母们使自己从繁忙的育儿工作中抽身而出，享受短暂的属于自己的私人时光。例如，晚饭后的休闲时光，父母会利用手机进入另一个平行时空，暂时性地缺席家庭生活；在父母忙于工作时，他们会让手机充当"电子保姆"，帮助他们分担育儿职责、缓解育儿压力。

> 去年疫情我们在家封控了一个多月，我俩都得上班，工作量一点没少，有很多的会要开，有很多的材料要写，他在旁边上蹿下跳的，只有手机才能让他安静一会儿。
>
> 西安市一年级男孩 GHY 的母亲

> 有时候下班确实很累，他拿着我手机看动画片啥的，我就睁一只眼闭一只眼假装没看见，我也想自己清净一会儿。前两天看到一篇文章，标题是"中年男人下班后的车内十分钟"，说那是他们一天里难得的惬意时光。我有时下班回家在地下车库也愿意在车里边坐会儿，车里没信号，谁也找不到我。
>
> 西安市二年级男孩 JYC 的母亲

当然，智能手机虽然能够充当"电子保姆"、分担育儿压力，但同时也会带来另一种隐形的育儿压力，它让父母即使不在家也需要继续承担育儿职责，这种育儿观念使得父母对儿童的成长始终怀有愧疚感，认为自己有责任有义务时时刻刻参与儿童的成长，对父母造成了道德上和实践上的双重压迫。父母们在智能手机的消费实践中也在不断探索和建立新的边界，以此抵抗智能手机带来的育儿压力。

> 现在有一句话叫为母则刚，我很不喜欢，这是道德绑架啊，我并不想那么坚强，我也想有个人能替我扛下所有……当然这不代表着我要逃避家庭责任啊，但是人总有累的时候，想能放放假，但这对于我来说就是奢望，哪怕出差，我每天晚上还是要辅导孩子作业，要盯着他练琴，逃不掉的。
>
> 西安市四年级男孩 HYQ 的母亲

> 天天看着别的妈妈的朋友圈就会不自觉地焦虑，看着人家的孩子又得了这个奖，又参加了那个活动，觉得自己家的孩子差距太

大，你就会着急上火。其实我们夫妻两个都是比较佛系的人，在工作上也不和别人争抢，现在家长们都太卷了，你要是什么都不做，你家孩子和别人的差距就会越来越大，你自己就会愧疚自己没有尽到家长的责任，然后你就被迫地也开始卷。

西安市五年级女孩 ZLY 的母亲

今天，在与智能手机彼此缠斗的过程中，我们不能一味指责智能手机吸引了太多注意力，将我们与身边的人彼此隔绝，却忽略它带来的种种便利以及它为亲子关系带来的各种可能性。对于儿童来说，他们并不是成人的附属品，他们也需要有自己的独立空间，智能手机体积小、便携、私密性高，能为儿童提供一个隔离于亲子共同生活之外的自我空间，也能为儿童提供更多自由生长的可能性。同时，对于生活在巨大压力下的父母而言，智能手机作为"电子保姆"帮父母分担育儿压力，为他们在家庭时光中争取了一份难得的闲暇。尤其是新冠疫情期间，家担负了工作、学习、生活等多重功能，家庭生活与工作界限几乎消失，生活、工作、学习相互交织，儿童随时会出现在父母的工作中，智能手机成为疫情防控期间分担父母育儿压力的重要工具。

当然，另外一些问题也非常值得我们去思考：理想的亲子关系究竟是什么样的？是不是越亲密越好？数字时代，我们仿佛习惯于处在一种随时连接、没有距离的关系中，但是我们是否真的需要时时刻刻保持亲密？或许手机恰恰可以成为亲子关系的调节器，家庭成员可以借由手机为自己在家庭的平行时空中争取一个私人空间，在高度连接的生活常态中与家人保持适当的距离，让彼此的关系更为融洽。

第二节　数字家庭中权力关系的变迁

家庭传播中一个重要的研究内容是家庭成员相互之间的关系，研究发现，随着智能手机在家庭生活中的不断渗透，中国城乡家庭的沟通方式摆脱了时间与地域的限制，家庭成员与技术之间的双向互动创造出新的家庭互动场景。同时，家庭成员借由不同的媒介使用方式和理念发展亲子关系、维持家庭沟通、管理家庭仪式，重新定义了家庭规则、身份角色和权力界限，形成了新的家庭权力结构。

一 权力的解构与再分配

随着现代化进程的推进和社会生产方式的变革，家庭结构发生变化。本书中关注的家庭是由父母与未婚子女组成的核心家庭，这是现代工业社会出现的一种家庭结构，也是当代中国家庭非常普遍的一种家庭形态。传统的中国家庭以父权制为基础，虽然现代核心家庭中父亲不再是家庭绝对的统治者，但是，中国传统文化中父为子纲、长幼有序的理念依然存在，在中国家庭的亲子关系中发挥着重要作用。

1. 父权的"式微"与儿童主体性的构建

一方面，智能手机等媒介技术为儿童提供了图文、视频、音频等多种信息，唾手可得的海量信息使得成人不再是全知全能的，成人与儿童的认知界限进一步模糊。丰富的信息获取途径为儿童提供了多种选择，当儿童遇到问题时，他们可以选择用搜索引擎查找相关信息，可以询问"小爱""小度"等智能产品，也可以在各类虚拟社区小组中找到答案，此时的父亲已不再是儿童唯一的信息来源或学习对象。

另一方面，父亲对儿童媒介使用的控制力和参与度也越来越低。印刷媒介时代，父亲可以决定哪些书能够进入家庭，也能控制儿童阅读哪些书籍；电视时代，父亲凭借性别和权力优势，掌握着遥控器，拥有开关电视和选择节目的权力，控制着其他家庭成员的媒介选择。[①] 智能手机时代，媒介消费高度个人化，儿童与父母在媒介使用方式、关注内容等方面都存在巨大差异，并由此形成了彼此区隔的理念思维和生活方式。父辈们的童年经验在这一代已然失效，无法帮助和指导他们更好地

① 李岭涛、李扬：《电视媒体的发展空间：基于社交属性的思考》，《现代传播（中国传媒大学学报）》2019年第6期。

育儿，同时，他们也不再是不容置疑的家庭权威，无法单纯依靠道德威力去维护亲子关系。

2. 家庭权力的再分配

不同传播模式带来了家庭权力的变更和演进，智能手机等数字媒介技术改变了传统家庭中垂直的、等级鲜明的权力结构，但是，原有家庭结构和亲子关系并没有完全消失，在经历冲突、解构、协商、再构建等一系列过程后，家庭规则、角色和关系发生转变，在新的家庭场域中被重新定义并以一种新的方式重构。

首先，中国人讲究"百善孝为先"，长幼有序的传统在当代家庭中依然盛行，尤其是在乡村社会，那里"父权"秩序发挥着更显著的作用。在乡村家庭中，"孝"往往被理解为绝对的服从，"老子管儿子天经地义""孩子不能反了天"等育儿观念根深蒂固。城市家庭则普遍践行一种更为开放的育儿观，认为孝顺是尊重而非服从，在亲子沟通中父母能给予儿童表达自我的权利和自由。

其次，从家庭分工来看，乡村家庭的分工至今仍如《礼记·内则》所描述的，男主外，从事社会生产和各种活动；女主内，生儿育女，传宗接代，操持家务。母亲虽然承担大多数家务劳动和育儿工作，但在家庭生活中并没有太大的发言权。父亲是家庭的主要经济收入来源，掌握着家庭的收入支配权，在当代乡村家庭中仍然占据核心地位。城市家庭中，经济体制与社会结构的变化带来了传统家庭制度的式微，传统道德观明显受到削弱或冲击。城市女性的受教育程度和经济收入较高，在家庭中与男性处于较为平等的地位。因此，城市家庭在不断实践的过程中协商、构建出一种平行的、动态的新型权力关系。

再次，家庭权力关系背后暗含着性别权力的变迁。从社会制度层面来看，在以家庭为单位的封建生产关系中，男性劳动力的重要性被强调，女性地位低下。随着妇女走出家门，获得参加学习、工作的权利，女性成员的家庭地位不断上升。在家庭日常生活中，我们也能看到女性家庭地位的变迁。电视媒介时代，女性在电视的家庭驯化过程中参与度较低。20世纪80年代，电视开始走入中国家庭。当时的电视价格高昂，购买电视是普通家庭的一项重大开支，是否购买电视大多是由男性决定的。电视进入家庭后，男性掌握着遥控器，决定着一家人的节目表。随着女性地位的不断提升，女性在智能手机的驯化过程中有着很高的参与度和发言权。尤其是城市家庭，女性不仅掌握着对是否为儿童购买手机的决定权，还是儿童日常使用手机规则的制定者。同时，相比之下女性更容易接受儿童的数字优势，将数字反哺视为一种亲子之间沟通互动的有效方式而不是孩子对自己权威的挑战。

最后，信息资源获取推进儿童主体性的建立。智能手机提供了大量信息，儿童从单一管道获取信息的局面被打破。在智能手机的使用过程中，他们的个体化意识开始凸显，自我表达的欲望在增强，他们希望能按照自己的方式去生活，希望能拥有更多的自我表达和自我实现的自由与空间。随着儿童主体性不断增强，其对原有家庭等级制度和行为规则都提出挑战。与此同时，家长作为家庭信息资源垄断者的地位受到挑战，他们不再是家庭信息的主要来源，不再是处于权威地位的信息垄断者。但是父母又希望针对儿童能否使用手机、该怎样使用手机、什么时候使用手机等细节问题制定规则，借此更多地参与、管理甚至控制儿童的成长，这是当代家庭亲子关系紧张的导火索，极易引发代际冲突，不可避免地给家庭代际关系带来新的影响。这种代际冲突可能转化为直接的语言或肢体冲撞，也有可能体现为一种隐蔽的抵抗或对立，从而导致在新的亲子关系中建立符合共识的家庭规则变得更为复杂和艰难。

不同于传统中国家庭亲子之间自上而下的、单向的、垂直的权力关系，智能手机进入家庭后促进了家庭多元主体的构建，改变了传统家庭的父母权威和亲子关系，为亲子交流提供了新途径。无论是由此带来的家庭凝聚力还是由此引发的某些家庭冲突，都会使各个家庭在日复一日的家庭生活中实践出一种互动、协商、动态的新型亲子关系。

二　数字反哺与亲子关系

随着社会结构的变迁和媒介技术的突飞猛进，中国社会开始进入后喻文化阶段，代际关系发生了翻天覆地的变化，出现了自下而上的、双向的代际传承模式，尼葛洛庞帝[1]称之为"两代人地位的颠覆"。智能手机时代，亲代与子代对手机的接受能力、使用水平等存在较大差异，子代反过来教育、影响亲代的现象越来越普遍，"代际数字鸿沟"和"数字反哺"已经成为家庭传播中不可忽视的重要议题。本部分内容关注数字化时代中国城乡家庭中的数字代沟和数字反哺现状，探究子代对亲代的数字反哺是否能成为弥合数字代沟、促进亲子交流的有效途径。

1. 中国城乡家庭的代际数字鸿沟

代际数字鸿沟关注个体差异与家庭环境的影响。学者周裕琼[2]将数字代沟和文化反哺结合起来对家庭内"静悄悄的革命"进行了量化考察，发现子女受教育程度、父母受教育程度、子女收入依次为决定家庭内新媒介使用代沟大小的最重要的三个因素。本书中子代均为一年级至六年级小学生，通过 Shunsen Huang 等人的量表[3]和 Ine Beyens 等人的 PACAS 量表[4]进行测量，发现城市与乡村家庭中的儿童在手机日常使用熟练程度上并没有明显差距。

> 以前有一些不会的地方他还会来问我，自从学了拼音和认字以后，基本上就不需要我了，因为什么事情都可以查百度了。
>
> 西安市二年级男孩 JYC 的母亲

我也不知道他从哪学的，他比我们都强，我都不会给手机设密

① 〔美〕尼古拉·尼葛洛庞帝：《数字化生存》，胡泳、范海燕译，电子工业出版社，2017，第 63 页。

② 周裕琼：《数字代沟与文化反哺：对家庭内"静悄悄的革命"的量化考察》，《现代传播（中国传媒大学学报）》2014 年第 2 期。

③ Huang, S., Lai, X., Kea, L., Qin, X., Yan, J.J., Xie, Y., Dai, X., & Wang, Y., "Coping Styles among Chinese Adolescents: The Development and Validation of a Smartphone Coping Style Scale", *Journal of Children and Media*, Vol. 17, No. 4, 2023: 488-505.

④ Beyens, I., Keijsers, L., & Valkenburg, P.M., "Development, Validity, and Reliability of the Parent-Adolescent Communication about Adolescents' Social Media Use Scale (PACAS)", *Journal of Children and Media*, Vol. 7, No. 4, 2024: 126-143.

码，他一买手机以后就给手机设了密码，我们都打不开他的手机，但是他就能打开我的手机呢，现在的娃娃这厉害不？

海则滩村三年级男孩 LWB 的母亲

笔者调查发现，亲代的受教育程度是影响代际数字鸿沟形成的最主要因素。本书中亲代以"70后""80后""90后"为主，城市家庭中亲代的受教育程度普遍较高，大多数人接受过高等教育，他们虽然不是数字世界原住民，但是他们生活在高度数字化的环境中，无论是工作还是生活，智能手机都是不可或缺的。他们对智能手机的态度更为积极，也能更熟练地使用智能手机。但在乡村家庭中，父母受教育程度普遍较低，大多数家长是初中及以下文化水平，他们接受和使用新技术的能力较低，亲子之间的数字代沟比较明显。

2. 中国城乡家庭数字反哺的具体实践

数字反哺是数字时代家庭互动和沟通的重要内容，不同的家庭由于父母受教育程度和经济收入的差距呈现不同的样态。智能手机进入日常家庭生活后，重新定义了家庭角色和亲子关系。儿童获取信息的途径不再局限于父母，父母的权威角色受到挑战。借由智能手机，儿童不仅获得了海量信息，还掌握了熟练的手机使用技能，这成为亲子互动中儿童获得"数字反哺"能力的重要途径。

中国城市家庭中亲代与子代对智能手机的操作都很熟练，尤其是亲代的媒介素养普遍较高，他们的手机使用能力往往高于子代，较少出现子代反向指导亲代的"技术反哺"。城市家庭中数字反哺更多地体现为"内容反哺"，儿童会与父母分享自己喜欢的媒介内容，对子代而言，他们在分享的过程中会觉得自己"了解新鲜事物""懂得更多"，父母也乐于了解自己平时不太接触的内容。

我有两个风格完全不一样的歌单，一个是我自己喜欢的老歌，另一个歌单是她（RGY）帮我建的，她会把她喜欢的歌加到这个歌单里，我俩会一起听歌，一起唱，很开心……我发现她听的歌挺不错的，有时我也会找来听。

西安市三年级女孩 RGY 的母亲

乡村家庭中父母的受教育程度普遍较低，学习使用新技术的能力远不如儿童，儿童会反向指导父母的手机使用，为父母提供"技术反哺"。

现在的娃娃会的比我们多，他会在网上交电话费，还会拿那个积分兑礼物呢，上次还给我们换了个水杯。这些我们都不会，都是让他弄的，有时候他也不愿意，觉得麻烦呢。

海则滩村六年级男孩 ZK 的母亲

他手机用得可熟了，我有一次不知道咋胡按的就把手机弄得没有声音了，他一下就给我弄好了，但是他就是不把这心思用在正事上，他要是把这心思花在学习上，那成绩还能上不去吗？

海则滩村四年级男孩 MYX 的母亲

数字反哺改变了家庭成员的角色，对传统的亲子关系提出挑战。在西方，早期计算机进入家庭的时候，因为青少年懂得更多的计算机技术，他们成为技术大师，这一情况使成年人感到不舒服，并导致家庭矛盾。[1] 这种矛盾在中国家庭中并不明显，面对数字反哺，中国家长普遍感到骄傲和自豪，认为这是儿童聪明的表现。但是，在具体的家庭情境中，父母们的态度并不相同。在城市家庭中，父母普遍认为智能手机是孩子实现向上社会流动的重要工具，会积极肯定儿童在数字技能方面的优势。父母乐于看到儿童的手机技能比自己更强，也愿意接受来自儿童的"内容反哺"，并借由数字反哺形成新的亲子交流方式。在乡村家庭，父母承认儿童拥有更高的数字技能，也会在遇到难题时主动询问儿

---

[1]　Koskela, H., "Webcams, TV Shows and Mobile Phones: Empowering Exhibitionism", *Surveillance & Society*, Vol. 2, No. 2/3, 2004: 199-215.

童或向儿童求助，但是他们并没有对儿童的数字技能和数字反哺行为给予太多正面评价。相反，许多家长认为这是儿童"沉迷手机""不务正业"的表现。此外，对于一些父母而言，儿童在数字技术领域的优势会让他们感受到自己的权威被挑战，并由此产生冲突。

第三节　本章小结

　　智能手机的到来不仅对家庭中每个人的日常生活产生了影响，从根本上来说，它还影响了家庭成员彼此之间的关系以及家庭与社会的关系，对家庭的沟通、凝聚力、角色、规则、代际冲突和边界等都有影响。除了传统价值观发生转变，技术赋权下的儿童本身对父亲的权威形成了极大挑战。以智能手机为中介的互动交流在不同程度上激发了儿童主体性、促进了亲子交流，打破了传统家庭权力关系中长幼有序的单向关系。但是，智能手机的家庭实践并未撼动父亲在家庭中的核心地位，更没有从根本上将家庭权力关系改变为自下而上的反向传承关系，它只是在实践过程中通过不断协商构建出一种主体更多元、沟通更灵活、管道更丰富的双向权力关系。

　　本书中，数字代沟、数字反哺在中国城乡家庭中有着不同的表现。乡村家庭中，由于父母受教育程度低，他们与儿童之间的数字代沟较为明显。在具体的家庭媒介实践中，儿童会对父母进行技术反哺，从而使得乡村父母使用手机的能力明显提高，数字代沟得到一定程度的弥合。但是单纯的技术反哺没有为亲子之间带来更多的交流机会和更积极的情感支持，无法有效提升亲子沟通的质量。在城市家庭中，父母对于媒介技术的熟悉程度高于儿童，在技术层面不需要儿童的数字反哺。但是，城市家庭中，亲子之间以手机为中介的互动较为频繁，儿童经常会与父母分享最新的潮流信息或者自己感兴趣的前沿知识，通过"内容反哺"，亲子之间拥有了更多可供交流的共有话题和内容，这能有效提升亲子沟通的质量、提高亲子关系的亲密程度。

第六章 新父母：智能手机中介下的
亲子关系

    家庭是儿童使用智能手机的最主要场景，父母既是儿童媒介消费的中介者，也是家庭媒介环境的营造者，不同的家庭结构和父母养育方式显著影响儿童的媒介行为。智能手机进入家庭生活后，给家庭、父母、儿童都带来了不容忽视的影响。我们需要从家庭场域出发，去理解智能手机中介下的亲子关系，厘清当代中国父母在儿童数字化成长过程中扮演的角色。

    智能手机作为家庭新成员深度参与儿童的数字化成长，一方面，父母希望儿童能充分享受智能手机带来的数字资源，实现自我提升和向上流动；另一方面，儿童在智能手机上花费大量时间，父母难免会担心伴随而来的种种负面效应，如接触不良信息、过度使用手机、沉迷游戏、亲子关系疏远等。因此，父母会越来越多地将智能手机纳入育儿活动和亲子沟通之中，会积极参与孩子与智能手机的关系并发展出新的育儿方式和亲子关系。那么，父母究竟会如何中介儿童的智能手机使用，它对儿童的成长和亲子关系有何影响？

第一节 智能手机时代的父母中介策略

一 限制中介策略：从"父母限制"到"技术限制"

根据共青团中央维护青少年权益部、中国互联网络信息中心发布的

《第 5 次全国未成年人互联网使用情况调查报告》，2022 年我国未成年网民规模已达到 1.93 亿人，未成年人用网低龄化趋势明显，2018 ～ 2022 年小学阶段的未成年人互联网普及率从 89.5% 提升至 95.1%。① 手机是未成年网民拥有比例最高的上网设备，它占据了儿童大量的业余时间，引发了家长们普遍的担忧与焦虑。政府部门也想尽办法减少智能手机给儿童带来的危害。2021 年，国家新闻出版署印发了被业内称为"史上最严防沉迷新规"的《关于进一步严格管理切实防止未成年人沉迷网络游戏的通知》，规定网络游戏企业可在周五、周六、周日和法定节假日每日 20 时至 21 时，向未成年人提供 1 小时网络游戏服务，其他时间不得以任何形式向未成年人提供网络游戏服务。② 同年，教育部印发了《关于大力推进幼儿园与小学科学衔接的指导意见》，规定儿童连续使用计算机、手机等电子产品的时间不能超过 15 分钟。③

对儿童长时间使用手机的担忧不仅体现在社会制度层面，还具体落到每一个家长身上。数据显示，2020 年，担心孩子上网时间过长的家长比例达 31.8%④，家长们希望能平衡智能手机带来的数字赋能与网络风险，希望通过各种方式参与、管理、控制儿童的手机使用。在日常生活中，许多家长都会采取限制中介策略。在中低收入国家，限制中介策略是应对技术变革的首选方式⑤；在中国，2020 年，10.1% 的家长选择

---

① 共青团中央维护青少年权益部、中国互联网络信息中心：《第 5 次全国未成年人互联网使用情况调查报告》，2023，第 1 页。
② 国家新闻出版署：《关于进一步严格管理切实防止未成年人沉迷网络游戏的通知》，2021，第 13 页。
③ 中华人民共和国教育部：《关于大力推进幼儿园与小学科学衔接的指导意见》，http://www.moe.gov.cn/srcsite/A06/s3327/202104/t20210408_525137.html，最后访问日期：2022 年 2 月 18 日。
④ 共青团中央维护青少年权益部、中国互联网络信息中心：《2020 年全国未成年人互联网使用情况研究报告》，https://pic.cyol.com/img/20210720/img_960114c132531c521023e29b6c223e438461.pdf，最后访问日期：2022 年 2 月 18 日。
⑤ Livingstone, S., & Helsper, E., "Gradations in Digital Inclusion: Children, Young People and the Digital Divide", *New Media & Society*, Vol. 9, No. 4, 2007: 671-696.

直接禁止孩子上网①。

限制中介策略是指父母制定具体的规定来限制儿童使用媒介的时间、地点、内容等。限制中介策略是父母们最常使用的策略，但是，智能手机高度便携、触手可及，限制的难度极大。电视媒介时代，内容分类清晰、有固定的节目播出时间，儿童会在固定时间段观看电视，父母可以参照节目播出时间管理儿童的观看行为、控制儿童观看的节目内容。智能手机十分便携，海量信息扑面而来，家长很难随时随地控制儿童的手机使用。尤其是对于海则滩村的家长而言，孩子们大多拥有自己的手机，并会认为这是他们的个人设备，父母在限制儿童使用手机的过程中往往会面临较大的阻力，经常显得力不从心。

> 你跟他说看一会儿就行了，他嘴上应承着，可是就是不放下手机。我一天还要做饭、种地，还要顾这两个娃娃，也没空管他们。而且，他一拿起手机就放不下，不起火（当地方言：生气）根本不管用。平时开学的时候还好些，晚上十点睡，睡觉前我就把手机拿走了。放假就不好管，一天也没事干，只能耍手机。
>
> 海则滩村二年级男孩 XLZ 的母亲
>
> 哪能管了呢？她懂得比我多，我也不知道她一天拿着手机做甚呢，你问她也不和你说，有时候也捣鬼（当地方言：说谎）呢。我就是怕她打游戏呢，其他的我也不管。
>
> 海则滩村五年级女孩 CQY 的母亲

在海则滩村，父母的限制中介策略往往表现为一些较为模糊的指令，他们不会制定详细的规则来限制儿童的手机使用时间表或内容等。在使用内容方面，访谈中父母提及较多的是"不要老是打游戏""不能

---

① 共青团中央维护青少年权益部、中国互联网络信息中心：《2020 年全国未成年人互联网使用情况研究报告》，https://pic.cyol.com/img/20210720/img_960114c132531c5210 23e29b6c223e438461.pdf，最后访问日期：2022 年 2 月 18 日。

给手机绑卡，会乱花钱"，除此之外，大多数父母并未规定儿童的具体消费内容，也很少给儿童推荐一些自认为更适合儿童观看的内容。

西安市的家庭中，限制中介策略也经常被使用。相比之下，西安市的父母们对手机使用时间和内容有较为明确的规定，如"周内不许看手机""周末每天能看一个小时的动画片""每天能看半小时""晚上八点到九点可以看"等。同时，大多数家长严格控制儿童的手机使用内容，有"下载 App 必须经过我们同意""不能看暴力色情的内容""不希望她看太负面的东西""抖音快手肯定不行"等要求。

> 手机里的内容太多了，除了工作学习外我的手机几乎没什么娱乐的软件，只有虾米音乐、喜马拉雅这一类的音频软件，她拿我手机最多就是听歌、听故事，或者有时候跟着我看直播，在网上买衣服什么的。
>
> 西安市三年级女孩 RGY 的母亲

> 我爸管得特别严，不能打游戏、不能看抖音、不能看综艺，只能看纪录片，我喜欢看纪录片，但有时候也想打游戏，我只有周末才能打一会儿游戏。
>
> 西安市五年级男孩 WCJ

使用限制中介策略的父母能有效参与儿童的手机使用管理与控制、减少手机使用带来的网络风险与危害，但它也有可能使儿童错失技术"赋能"带来的各类社会资源与机会。城市父母在执行限制中介策略时，能为儿童提供具体的替代性方案，比如他们会在周末带孩子参加各类活动，或陪孩子在户外玩耍，当儿童有了更多选择之后，他们并不会非常依赖或沉迷手机。同时，城市父母在使用限制中介策略时，除了时间的限制，还会对内容进行控制，会为孩子提供详细的内容指导，对孩子使用手机的情况予以把关。相比之下，乡村的父母们在使用限制中介策略时没有具体的替代方案，往往表现为直接的禁止，这种严格的、显性的限制方式极易引发亲子冲突，双方在限制与抵抗的过程中会陷入一场旷日持久、持续不断的战争之中，给亲子关系带来严重伤害。

> 我这个手机已经是第二个手机了，上一个被我妈给砸了……我晚上打游戏被她发现了，晚上三点多她起来上厕所看见我在打游戏，特别生气直接就把手机砸碎了，还把我打了一顿。我一个多星期都没有回家，后来我爸答应给我买新手机我才回来。
>
> 海则滩村四年级男孩 MYX

> 为了手机没少打架，管不住到最后只能打，娃娃现在也大了，也不能天天打，有时候没办法我就给她藏起来，她翻箱倒柜地在那找，找不见也没脾气（当地方言：没办法）。
>
> 海则滩村六年级女孩 GJY 的母亲

对于年龄较大、自主性较强的儿童而言，限制中介策略不仅不会减少其使用智能手机的负面影响和风险，反而有可能激发儿童的逆反情绪，适得其反。因此，许多父母开始探索更合适的中介策略，他们通过软件监控、控制儿童的手机使用时间和内容，实践出一套不同于以往的技术限制策略，如通过"屏幕使用时间"这一软件严格控制儿童的手机使用时间、通过"青少年模式"过滤不恰当的手机内容、通过共享账号 ID 随时了解儿童的手机使用情况等。

> 我们全家人的手机、iPad 都是一个 Apple ID，密码只有我和她爸爸知道，她和她哥下载任何 App 都要我们给输密码。比如游戏、抖音这些太耗时间的软件开学的时候我就给他们删除了，放假了在家时间多，没事干，会给他们下载，但我们会提前说好，每天看多长时间，如果不遵守规定的话我就会把 App 给卸载了。
>
> 西安市三年级女孩 YZT 的母亲

　　"屏幕使用时间"很好用，可以直接设定哪些 App 可以用、哪些不能用、能用多长时间，等等，还可以设密码，他就没有办法更改设定了。这个方法很管用，以前每次和他商量好时间，但是他一玩就停不下来，每次都得生气。现在手机设定一个时间，到时手机自动就停用了。

西安市五年级男孩 WCJ 的母亲

　　技术限制策略表现为以技术手段参与儿童的手机管理，"把关"儿童的手机使用时间和内容。但是该策略要求父母具备较高的手机使用技能和媒介素养，能熟练使用各种数字技术监控、管理儿童的手机使用，并对媒介内容有较高的甄别能力，能为儿童提供有用的指导意见。因此，受教育程度高的城市父母更青睐于使用技术限制策略，而乡村父母对智能手机的使用技能有限，无法借助技术手段中介儿童的手机使用。

　　技术限制策略是智能手机时代父母实践出的新型中介策略，与传统的限制中介策略不同，它通过技术层面的调节参与儿童手机管理，非常适合针对智能手机等数字媒介产品的父母中介实践。智能手机等移动设备体积小、便携，父母很难时时刻刻观察和参与儿童具体的媒介使用实践，技术性的限制为父母中介提供了便利与可能。同时，它更为隐蔽和迂回，是一种非侵入性的策略，不易引发亲子间的剧烈冲突，受到年龄较小孩子的父母的欢迎。当然，随着儿童年龄的增长和媒介技能的提升，他们开始意识到父母的技术限制与监控，他们会采取一些行动（比如删除观看记录，使用缩写、暗号等进行聊天，等等）以保护自己的隐私并建立一个更为独立和自由的私人空间。

二　积极中介策略：基于具体媒介内容的双向沟通

　　积极中介策略是指父母和孩子对媒介使用行为和内容展开讨论。已有研究表明，讨论和解释媒介内容能增进儿童的理解，并使他们更好地掌握和正确处理媒介内容①，但是也有研究指出"积极中介"这个术语并没有明确表达沟通的目的，应该用"指导性"、"评价性"或"批判性"等术语来进一步细化积极中介的相关研究。②

调查发现，西安市家庭中父母会更积极地与儿童讨论媒介使用的具体情况，父母关心儿童对哪类内容更感兴趣，也会将媒介内容作为谈话的主题，大多数父母会给儿童推荐自己认为有益的媒介内容（包括学习资源和娱乐内容），并希望儿童能按照自己的意愿和喜好来使用手机。当亲子双方能基于具体的内容进行充分沟通并形成较为一致的态度时，积极中介的效果最好。如果父母仅仅是消极地对手机进行批判，则有可能造成儿童产生抵触情绪，甚至带来消极的抵抗。

> 他看一些特别无脑的视频时我就会很生气，其实孩子也不是一定喜欢那些视频，只是他不知道该怎么找到更好的视频，所以我会给他推荐一些我喜欢的博主，像"我叫何同学"啊这些都是我给他推荐的，他特别喜欢，每次视频更新，他都会问我"爸爸你看了没有"。
>
> 西安市四年级男孩 HYQ 的父亲

> 爸爸不喜欢我看综艺节目，他觉得那是浪费时间，可是我觉得挺好玩的，我就喜欢搞笑的东西，我很少和爸爸说，但我和妈妈都喜欢易烊千玺，还是妈妈比较懂我。爸爸就算了吧，每次一说就要批评我。
>
> 西安市三年级女孩 RGY

在海则滩村，父母较少采用积极中介策略。面对复杂的媒介环境，

① Ho, H., Shin, W., & Lwin, M. O., "Social Networking Site Use and Materialistic Values among Youth: The Safeguarding Role of the Parent-Child Relationship and Self-Regulation", *Communication Research*, Vol. 46, No. 8, 2019: 1119-1144.

② Kirwil, L., "Parental Mediation of Children's Internet Use in Different European Countries", *Journal of Children and Media*, Vol. 3, No. 4, 2009: 394-409.

乡村父母遇到了巨大的挑战。他们没有足够的知识和能力来指导儿童的手机使用，也缺乏与儿童沟通的积极性，少有家长会和孩子一起讨论手机里的具体媒介内容。大多数家长对儿童的手机使用情况了解甚少，当被问到孩子一般用手机干什么时，多数家长的回答是"打游戏""刷视频"，至于打什么游戏、看哪些视频家长们并不了解，也不会和孩子讨论相关话题。

> 他拿手机就是打游戏嘛……打什么游戏我不知道，那不都一样嘛，反正都是要，天天就钻在那个手机里边，游戏把娃娃们都害了，天天打游戏哪顾得上学习呢？
>
> 海则滩村六年级男孩 ZK 的母亲
>
> 我从来不和我妈说这些，她又不懂，你给她说这些肯定是一顿骂，我打游戏躲着她还来不及呢，咋会和她说呢。
>
> 海则滩村六年级男孩 ZK

父母与儿童谈论媒介内容是一种有效的亲子沟通方式，为亲子之间的互动提供了一个共同的前提与基础。但是，沟通的方式亦非常重要，亲子对话需要针对具体的媒介使用内容展开，简单的价值判断或情绪宣泄无法实现畅通的亲子交流。同时，理想的积极中介策略不是父母一方单向输出，而是亲子之间互动沟通、协商规则、形成共识。制定规则是一个教育过程，也是一个沟通过程。

城乡家庭在积极中介策略的采用过程中出现明显差异，乡村家庭中亲子双方对媒介内容的具体沟通和讨论较为缺乏，多数情况下表现为父母单方面的批评或阻止，儿童的意见没有得到充分表达和尊重，尚未形成一种父母参与儿童媒介管理的有效沟通策略。西安市的父母会在和儿童讨论媒介内容的同时协商媒介使用规则，儿童在参与制定规则的过程中会将规则内化为行动，对规则的接受度更高。当儿童的手机使用与父母的规则达到一致时，不仅能有效降低手机使用风险，更能减少亲子冲突，双方通过协商达成共识的实践构建了一种更为平等的亲子关系。

父母与儿童谈论媒介的频率、方式以及具体媒介平台的质量等因素都与中介效果显著相关。研究中发现，城市父母对智能手机的态度更为积极，也更多地参与到儿童的媒介使用行为过程之中，他们更愿意采用积极的中介策略，更愿意与儿童展开对话，对儿童的媒介使用方式、疑问、潜在风险等做出积极回应，亲子之间更易形成良性的、规律的沟通模式。同时，城市父母能针对"儿童该如何选择恰当的媒介平台、内容"等问题给出更有指导性的建议，能有效降低儿童在互联网遭遇风险的可能。乡村父母受限于媒介素养、受教育程度等客观条件，难以做到这些，这也潜在地造成了城乡儿童之间的数字鸿沟。

三　从共同使用到参与式中介策略

智能手机备受诟病的一个地方在于它阻隔了家人的沟通，今天，许多人开始怀念往日一家人围坐在一起看电视、聊天的生活场景。然而，智能手机与电视不同，其构建的生活场景与沟通模式也大不相同。电视放在客厅中央，它从进入家庭之初就被驯化为一个家庭公共消费的媒介，父母与儿童一起观看电视是非常常见的家庭活动。智能手机的小屏幕更适合个人观看，而且它已成为个人身体的一部分，被高度私人化，父母与儿童一起看手机的场景在当代家庭生活中并不常见。

中国城乡家庭中，父母与儿童共同使用手机的原因无外乎两点：一是儿童没有智能手机，只能被动选择与父母共同使用；二是父母有目的、有计划地与儿童共同使用手机。具体来说，海则滩村的儿童大多拥有自己的手机，他们不需要也不愿意与父母共同使用手机，因此，海则滩村的家庭中亲子共同使用手机的情况非常罕见，儿童使用手机的行为大多是在父母不在场的情况下发生的。西安市家庭中，儿童大多没有手机，他们只能借用父母的手机，但"借用"不等于"共享"，他们往往不愿意与父母共享手机，尤其是年龄较大的儿童。然而，当手机被父母使用的时候，在"不看手机"和"一起看手机"之间他们只能选择和父母共同使用手机。

> 晚上我经常和妈妈一起看手机呢，睡觉前会在床上看会儿视频……妈妈的手机不用的话我可以玩一会儿，她要用的话我就不能用了。有时候她看美食的视频我也会一起看，但她经常和别人聊天，我觉得也没意思。
>
> 西安市三年级女孩 YZT
>
> 我爸最爱打王者了，我就会在旁边看着，他要是高兴就让我也玩一会儿，我们会看那种游戏讲解的视频，我现在打得比他好。
>
> 西安市五年级男孩 WCJ

调查发现，西安市的父母会主动地创造亲子共享手机的机会和场景。例如，有些父母会在吃饭或者饭后的休闲时间里播放音乐或音频节目；有些父母会和孩子一起投屏看电影、动画片、纪录片等。这些父母意识到共同观看手机是一种维护家庭亲密关系的有效途径，他们会将此整合到日常生活之中，作为一种仪式纳入家庭活动的日程表，进而在家庭环境中探索出一套新的共同使用手机的规范与模式。也有家长发现亲子共同使用手机能为亲子交流提供理想的情境与氛围，他们会有意识地与孩子一起观看手机、共享信息，并在此过程中以"潜移默化"的方式展开沟通与交流。

> 从她很小的时候我就一直在找合适的性教育方法，手机是一个很好的工具，我会找一些适合她年龄看的宣传片或者文章，然后我们会自然地聊起这个话题，不会显得刻意或者尴尬。我觉得效果挺好的，她现在能非常自然地和我讨论身体的变化，会聊到发育、例假等，她说这些的时候特别自然，我觉得是我在这个教育过程中没有回避，用一种比较生动的方法让她接受这些知识。她就自然而然

地形成一个习惯，愿意和我交流这些事情，我很开心她能和我分享。

西安市五年级女孩 ZLY 的母亲

共同使用手机与共同观看电视不同，我们很难严格划清积极中介策略与共同使用策略的界限。当亲子双方共同使用手机时，它不是单纯的陪伴行为，面对手机的小屏幕双方之间很难不发生互动交流。它既有亲子双方的陪伴同在，也强调双方在共同使用手机过程中的积极交流与互动，实现了共同使用手机与积极中介策略的双重效果。同时，父母们也不再单纯依靠某一种策略管理儿童的媒介使用，他们会结合具体实际情况同时采用两种或多种中介策略，强调父母的"参与"，通过一系列方式不断丰富参与场景、拓宽参与管道、增加参与机会，以此应对智能手机时代对父母提出的新挑战。

"参与式中介"已成为许多家庭尤其是城市家庭中父母采用的新兴中介策略。该策略强调陪伴共在与平等对话，父母扮演陪伴者、创造者和倾听者，基于共同使用的场景和共享的话题，父母提供方向性的策略引导，儿童共同参与创造。在参与式中介策略中，不是单纯由父母提供建议、见解或简单的道德判断，而是亲子双方共同面对手机使用带来的各种问题，通过坦诚沟通解决各种冲突与矛盾，一起探索、制定家庭规则。在智能手机构建的家庭媒介生态环境中，践行参与式中介策略有助于家庭共识的形成，能使亲子交流更加平等、畅通。

第二节　父母中介策略的影响因素

不同的父母中介策略会为儿童的成长带来不同的影响①，那么，究竟是哪些因素影响了父母的选择呢？本书试图从个体差异、媒介素养、

① Nikken，P.，& Schols，M.，"How and Why Parents Guide the Media Use of Young Children"，*Journal of Child and Family Studies*，Vol. 24，No. 11，2015：3423-3435；Stafford，L.，& Hillyer，J. D.，"Information and Communication Technologies in Personal Relationships"，*Review of Communication*，Vol. 12，No. 4，2012：290-312.

父母教养效能感、育儿理念四个方面来分析父母中介策略的影响因素，希望能为我们理解智能手机时代的父母中介策略提供更多的理论支持和研究视角。

一 个体差异

Livingstone 和 Bovill[①] 通过对 830 名父母进行抽样调查发现，社会等级最低的父母最不可能限制孩子观看电视的次数或在与孩子一起看电视时讨论节目内容；社会等级越高的家长越有可能鼓励儿童观看特定的电视节目。本书在调查中发现，父母的受教育程度、经济收入等个体差异明显影响父母中介策略的选择。

中国城市家庭中，父母的受教育程度和经济收入较高，他们在选择中介策略时更倾向于使用参与式中介策略或积极中介和共同使用策略的组合，他们会积极地参与儿童媒介使用，能主动创造与儿童共同使用手机的机会，促进亲子交流。乡村家庭中，父母受教育程度低、对智能手机的了解少，在管理儿童手机使用的过程中他们更多选择限制中介策略，直接限制或禁止儿童使用手机。由于数字技能的缺乏，乡村父母在儿童面前的权威性受到挑战，儿童对父母的限制策略接受度较低，甚至表现出明显的逆反与抵抗，进而造成亲子关系的紧张。

儿童性别、年龄等因素同样影响父母的中介策略选择，年龄越大、数字技能越高的男孩在线风险越高。[②] 现实生活中，父母对男孩和女孩的中介策略有着明显差异，许多父母认为男孩在手机上花费更多时间、更容易沉迷游戏、更有可能受到不良信息的影响，因此，父母会积极寻求各种方式对男孩使用手机的行为加以遏制或严格管理。相比之下，父

[①] Livingstone, S., & Bovill, M. (eds.), *Children and Their Changing Media Environment: A European Comparative Study* (Mahwah, NJ: Lawrence Erlbaum Associates, 2001), p. 56.

[②] Leaver, T., "Intimate Surveillance: Normalizing Parental Monitoring and Mediation of Infants Online", *Social Media + Society*, Vol. 3, No. 2, 2017: 78-92; Mitchell, H. J., "Technology and Knowledge Management: Is Technology Just an Enabler or Does It Also Add Value?", in Coakes, E. (ed.), *Knowledge Management: Current Issues and Challenges* (Hershey, PA: IRM Press, 2013), pp. 66-78.

母对待女孩使用手机的态度更为宽容，一方面是因为父母认为女孩对手机的依赖程度不高，另一方面是因为中国家庭中父母与女孩的距离更近、沟通交流更畅通，父母更多选择参与式中介、积极中介和共同使用策略而非限制中介策略。

面对男孩和女孩，父母的中介策略有所差别。同样地，父亲与母亲在中介策略的选择上也存在性别差异，这种性别差异在城乡家庭中有着不同的表现。乡村家庭中，母亲承担了大部分的育儿工作，父亲依旧扮演着"主外"的角色，较少参与日常家庭琐事。他们与儿童的关系较为疏远，对儿童使用手机的中介较少，往往只有在母亲与儿童爆发冲突时才会参与调解。城市家庭中，虽然母亲承担较多的育儿工作，但父亲并未完全缺席儿童的教育，他们愿意与儿童交流手机使用的相关知识、给儿童提供指导意见，倾向于使用各种不同的中介策略，尤其是参与式中介策略。但是父亲们较少制定具体规则，对儿童使用手机的限制也较少。

儿童年龄是影响父母中介策略的重要因素，父母中介策略会随儿童年龄变化而调整。在乡村家庭，随着儿童年龄的增长，他们的自我意识不断增强，数字技能不断提升，父母参与中介的难度越来越大，尤其是限制中介策略越来越难以发挥作用，短期内父母无法找到合适的中介策略，只能无奈减少甚至退出对儿童手机使用的管理。这种被迫的缺席不仅会导致亲子关系的疏远，更严重的是会使问题长期得不到沟通，矛盾不断累积，最终爆发严重冲突。调查中，海则滩村的父母与儿童多次提到"砸手机""吵架""离家出走"等严重的亲子冲突，这给儿童成长带来极大的伤害。

城市家庭中，儿童年龄的变化同样带来父母中介策略的调整与变化。父母对低年级儿童更多地使用限制中介策略，尤其是技术限制策略。但是，当儿童数字技能足够成熟时，他们会发现甚至破解父母设置的各种技术限制，从而给父母的中介带来挑战。在儿童生命周期的不同阶段，父母会积极调整中介策略的使用，尽量避免不恰当的中介方式引发的亲子矛盾。儿童年龄更大时，父母更多地使用积极中介和共同使用手机等策略，借由共同使用手机的场景和围绕共享话题的交流使父母的中介活动自然内化到亲子关系中，建立一种更为积极的、高度参与的、双向交流的亲子关系。

二 媒介素养

随着数字科技的快速发展，越来越多的儿童能够享受到智能手机等媒介带来的好处，但与此同时，中国城乡家庭中父母受教育程度和经济水平的差异导致他们在信息获取、知识储备、资源运用等方面都存在较大差距，他们对智能手机的态度、使用技能、消费内容等也不尽相同，这些差异会通过代际传递影响到儿童的媒介素养。

本书借用卢峰[1]提出的新媒体环境下的媒介素养之塔，从媒介安全素养、媒介交互素养、媒介学习素养和媒介文化素养四个层次探讨中国城乡家庭的媒介素养差异。

首先，媒介安全素养指媒介使用者具备基本的安全意识，能辨别媒介内容是否安全可靠，有保护自己安全的相关知识与能力。整体而言，随着互联网技术的普及，人们的媒介安全素养不断提升。据中国互联网络信息中心调查，截至 2021 年 12 月，62.0%的中国网民表示过去半年在上网过程中未遭遇过网络安全问题。[2] 具体而言，城市父母掌握更多的媒介知识与技能，能够有效防范和抵御智能手机带来的负面影响，他们遭受互联网风险和隐患的概率相对更低。在对儿童的教育过程中，城市父母能有针对性地培养儿童在辨别信息真伪、防止个人信息泄露、防范网络暴力等方面的技能，并会通过某些技术手段减少儿童接触风险信息的可能。相比之下，乡村父母对于保护个人信息安全的意识较为薄弱，比较缺乏抵御互联网风险的能力。他们无法为儿童提供很好的安全

---

[1] 卢峰：《媒介素养之塔：新媒体技术影响下的媒介素养构成》，《国际新闻界》2015 年第 4 期。

[2] 中国互联网络信息中心：《第 49 次中国互联网络发展状况统计报告》，https://www.cnnic.net.cn/n4/2022/0401/c88-1131.html，最后访问日期：2022 年 2 月 18 日。

建议与指导，从而使得儿童遭受互联网风险的可能性增加。

其次，媒介交互素养是指媒介使用者与媒介进行交互，或利用媒介与他人进行交流的知识、技能、能力和态度。[①] 智能手机无处不在，在"人—人"、"人—技术"、"人—技术—人"等多种关系中都发挥着越来越重要的作用。在中国城乡家庭中，由于媒介交互素养的差异，形成了不同的人与人、人与技术之间的关系。在中国城市家庭中，手机是娱乐休闲的工具，儿童会使用各类短视频或游戏软件进行娱乐；手机是重要的社交工具，他们会使用微信、钉钉等软件聊天、社交；手机是儿童的生活工具，他们会使用淘宝、饿了么等生活服务类软件安排日常生活；手机是儿童的学习工具，他们会使用手机查询信息、参加在线课程等。儿童通过多种使用场景建立了与同伴、家人、社会等不同群体的连接，构建了一种多元、开放的关系。在中国乡村家庭，儿童使用手机的动机大多是娱乐休闲，除了短视频和游戏软件外，他们很少使用其他软件。由于担心儿童在网上遭受网络诈骗，许多父母禁止儿童在网上进行金钱交易，因此，许多儿童虽然对手机使用非常熟练，但他们并不知道如何使用手机处理买东西、订车票等日常事务。单一的使用场景和较低的媒介交互素养导致乡村家庭中人与智能手机的关系更为局限和紧张。

再次，媒介学习素养指的是使用媒介获取知识、掌握技能、提升自我的能力。影响媒介学习素养的不只是知识储备和数字技能，更重要的是对待媒介的态度。父母对待媒介的态度和他们讨论媒介的方式会在很大程度上影响儿童对媒介的态度认知，进而影响到媒介使用方式和效果。Messaris 和 Kerr[②] 的研究探讨了互联网媒介的日常使用与家庭关系质量感知之间的关系，发现儿童使用互联网媒介时的使用内容与对亲子关系质量的感知明显相关。以教育为目的互联网媒介使用能提高亲子关系的质量，而以娱乐为目的的使用则更有可能带来代际冲突。

[①] 卢峰：《媒介素养之塔：新媒体技术影响下的媒介素养构成》，《国际新闻界》2015 年第 4 期。

[②] Messaris, P., & Kerr, D., "TV-Related Mother-Child Interaction and Children's Perceptions of TV Characters", *Journalism Quarterly*, Vol. 61, No. 3, 1984: 662-666.

在中国城乡家庭中，家长对于手机的态度分为三种：积极乐观型，认为智能手机能为儿童带来更多的社会资本，是儿童提升自我的重要工具；消极悲观型，对智能手机高度警惕甚至排斥，认为儿童无法抵挡手机的诱惑，最终会走向沉迷；客观中立型，能较为客观地评价智能手机，认为智能手机的作用如何主要取决于人类如何使用。乡村父母大多属于消极悲观型，他们将智能手机定义为影响儿童学习的娱乐工具，他们很少会使用手机进行学习探索。由于缺乏利用手机进行学习的场景与机会，儿童在日常生活中很难享受到数字技术带来的种种赋能，导致其媒介学习素养处于较低的水平。城市父母多属于客观中立和积极乐观型，他们能看到智能手机的积极作用，也对其负面影响有着较清醒的认识和较深入的了解。他们有着相关的知识储备和数字技能，能更为理性地使用智能手机进行学习和创造性生产。因此，他们能够较好地权衡智能手机带来的机遇与风险，让儿童更多地享受到数字媒介带来的赋能。

最后，正如詹金斯①所言："新媒介素养应该被看成是一项社会技能，被看作一个较大社区中互动的方式，而不应被简单地看作用来进行个人表达的技巧。"媒介文化素养是人们面对智能媒介的普及，整合其他综合经验发展出的一种综合素质，具体包括文化自省意识、文化审美能力、开创性生产和表达能力、理性的批判意识等。我们不仅要"会用"，还要能"用好"媒介。我们需要有一定的媒介文化素养做支撑，去挖掘媒介内容背后的文化价值与思想意义，对大众媒介的内容保持警惕和反思，用批判的思维去思考和辨别信息真伪，理性成熟地使用媒介，避免沦为数字技术的奴隶。

媒介素养教育长期存在"防御型教育"和"建设型教育"两种基本思路。② 儿童媒介素养教育长期将儿童当作被动的、消极的、无知的存在，在今天的媒介环境中，超越保护主义、培养儿童有效利用媒介的

---

① 〔美〕亨利·詹金斯、〔日〕伊藤瑞子、〔美〕丹娜·博伊德：《参与的胜利：网络时代的参与文化》，高芳芳译，浙江大学出版社，2017，第37页。

② 袁军：《媒介素养教育的世界视野与中国模式》，《国际新闻界》2010年第5期。

能力显得更有意义。同时，我们也必须明白，媒介素养的培养和提升是一个复杂的体系，其目标不是一朝一夕能够实现的。面对日新月异的媒介技术，我们要充分认识到城乡家庭的媒介素养差异，正视数字区隔的代际传递。在此基础上，积极完善媒介素养教育体系，广泛动员家庭、学校、社会等多方力量，在探索和试错的过程中提升儿童媒介素养、缩小城乡差距，推进多元主体合力构建儿童媒介素养教育生态体系。

三　父母教养效能感

父母教养效能感是指父母认为自己是否具有促进儿童身心健康成长的能力和其对自身教育能力的自信程度。Nikken 和 Schols[①] 发现，教养效能感低的父母更倾向于将媒介当作"保姆型"的工具进行使用。[②] 然而，父母越将媒介当作"保姆型"的工具，儿童早期的学习能力与发展水平越低；同时，将屏幕媒介当作"保姆型"工具使用会增加儿童的屏幕使用时间，带来更多的使用问题，导致儿童对屏幕媒介上瘾。[③]

海则滩村的父母受教育程度较低，父母教养效能感整体偏低。对于如何更好地培养孩子成才，他们并没有太多的想法，更没有自信。他们很少会和孩子讨论如何更好地使用手机，对于"如何安全使用智能手机"、"哪些移动应用程序和内容适合儿童使用"以及"儿童应该如何保护个人隐私"等问题无法给出有效的回答。他们说得最多的一句话是"我们这辈子就是受苦人，不能再让孩子们过我们的生活"。他们能做的就是努力赚钱、竭尽所能为孩子们提供更好的物质生活。但正因如此，他们往往没有太多时间陪伴孩子，只能让智能手机扮演保姆的角

---

① Nikken, P., & Schols, M., "How and Why Parents Guide the Media Use of Young Children", *Journal of Child and Family Studies*, Vol. 24, No. 11, 2015: 3423-3435.

② Nikken, P., "Parents' Instrumental Use of Media in Childrearing: Relationships with Confidence in Parenting, and Health and Conduct Problems in Children", *Journal of Child and Family Studies*, Vol. 28, No. 2, 2018: 531-546.

③ Beyens, I., & Eggermont, S., "Putting Young Children in Front of the Television: Antecedents and Outcomes of Parents' Use of Television as a Babysitter", *Communication Quarterly*, Vol. 62, No. 1, 2014: 57-74.

色，帮他们分担育儿压力。

在当今"内卷"的教育体制之下，西安市的父母们经常面临巨大的教育压力，但他们的父母教养效能感依然高于海则滩村的父母。他们掌握更多的育儿知识，对自己的教育能力也较有信心，对子女的成长有着较为详细的规划，并且更愿意与孩子讨论如何更为合理地使用手机等话题，也能够充分利用自己的资源为孩子的成长提供更为全面的帮助。因此，他们更多的是将智能手机作为教育、娱乐的工具，对智能手机的使用有着更为明确和细致的使用规定。

父母教养效能感低的乡村家长由于缺乏教养能力或者对自身教养能力不自信，会倾向于给儿童提供更多的屏幕使用时间，会通过让儿童使用智能手机来缓解自身的教养无能感，从而导致乡村儿童的屏幕使用时间普遍长于城市儿童，对手机的依赖性也更强。

当然，父母将手机当作育儿工具，并不能简单与父母教养效能感低画等号。当代父母面临巨大的育儿压力，智能手机为父母提供了一种便捷的育儿方式，使家长们能够从繁忙的育儿工作中抽脱出来，得到短暂的休息。城市和乡村的父母，尽管生活境遇各不相同，但他们各自承受着不同的生活压力，在紧绷的生活状态中都难以喘息。因此，当他们工作繁忙无暇照顾孩子的时候，智能手机就成了一个得力的育儿助手。访谈中有一个问题是"什么情况下你会主动地让孩子看手机？"，绝大多数父母的答案都是"没时间看娃的时候"。

对于城乡父母而言，在自己没时间的情况下让孩子在家看手机是一个权衡利弊后的最佳选择，既能解决孩子无人看管的问题，也能有效避免孩子独自外出面临的各种风险。略有不同的是，访谈中许多作为职业女性的母亲表示手机育儿会给她们带来明显的心理和道德压力。当她们忙于工作或者是想在繁忙之余让自己得以喘息时，她们会主动提出让孩子看一会儿手机或其他电子设备，但与之相伴随的是许多母亲心里会产生深深的自责。现代社会对于职业女性有着双重的要求，一方面，希望她们能够扮演全心全意照顾家庭、照顾孩子的传统女性角色；另一方面，又期待她们具备现代职业女性的特质，漂亮、能干、面对所有事情都游刃有余。在这样的双重标准之下，许多母亲会以所谓的"完美母亲"的标准来要求自我，或被迫接受这套逻辑的规训。因此，当她们让手机分担部分育儿任务的时候，内疚、焦虑便油然而生。

四　育儿理念

智能手机的普及带来了新兴的育儿形式和育儿理念，同时，育儿理念也指导和影响着儿童的媒介接触与使用。育儿理念不仅是家庭生活中父母价值观的体现，更是整个社会文化的缩影。

中国文化历来重视教育，强调教育是一个人实现社会流动和自身发展的重要途径，其中，家庭教育在儿童成长过程中扮演重要角色。"养不教，父之过""家长是孩子最好的老师"等耳熟能详的育儿理念深深印刻在中国家长的心中。父母教育孩子是为人父母恪尽职守的表现，代表着父母关心孩子、有家庭责任感和积极参与育儿。对于中国父母而言，养而不教是最大的失责。

互联网时代，父母如何教育儿童？乡村与城市的父母践行着不同的育儿理念。2018 年 4 月，教育部在《致全国中小学生家长的一封信》中倡导家长"重表率，立榜样。家长须重视网瘾危害，懂预防之策，远网游之害，读有益之书，表示范之率"[①]。社会普遍认为父母应该在儿童使用媒介的过程中发挥榜样作用，通过言传身教提升儿童媒介素养。在具体实践层面，城市家庭的父母受"精细化育儿"理念影响很深，他们高度重视教育，认为自己有责任、有义务给儿童提供高质量的陪伴与指导。他们不仅注重"言传"，也强调"身教"，希望以身作则树立榜样。

在田野过程中我们发现，能做到以身作则的家长多为城市中受教育

---

① 教育部基础教育司：《致全国中小学生家长的一封信》，https://www.gov.cn/zhengce/zhengceku/2018－12/31/5439342/files/2297052b0a1046da9131417eb09a892e.docx，最后访问日期：2023 年 1 月 18 日。

程度高的女性。西安市五年级女孩 ZLY 的母亲 CWY 在西安某高校担任英语老师，她有着惊人的自律，日常工作生活有高度精细的时间表。她表示，自从孩子进入小学阶段，只要孩子在学习或写作业，她一定不会玩手机，而是会在旁边完成自己的科研工作或是备课，她希望能和孩子一起学习一起成长。相反，同为高校教师的丈夫 ZF 则经常在家刷手机，CWY 也和丈夫沟通过这个事情，但丈夫认为家是放松休息的地方，不能为了孩子的学习放弃大人娱乐的权利。沟通无果，父母双方大多时候相安无事，只有在丈夫外放视频声音过高的时候，CWY 会将他推到书房。CWY 家的相处模式并非个例，在参与调研的多个城市家庭中都存在类似的情况。

在乡村家庭中，父母秉持"自然散养"的育儿理念，他们更强调给孩子提供经济支持而非情感支持，他们对儿童的业余时间只设定基本的界限而不做具体的安排，儿童能够在界限内自己主导安排生活。

> 也没办法，她的作业我也辅导不了，看不懂，我有这个时间还是多挣点钱，让她好好学习，以后考出去找个好工作，不要像我们一样再受苦了。
>
> 海则滩村二年级女孩 SRH 的父亲

第三节　本章小结

数字时代，家庭依然是儿童接触媒介的主要场所，也是儿童社会性发展的起点。中国城乡家庭中父母受教育程度、经济收入、媒介素养、育儿理念等各不相同，导致他们在以智能手机为中介的具体活动中采用了不同的中介策略。面对不同的中介策略，儿童表现出不同程度的接受或抵抗，进而造成城乡之间风格迥异的沟通模式和亲子关系。

面对愈发复杂的媒介环境，城市父母会根据不同的情境采用相应的多种策略组合的中介方式。比如，为避免与儿童因手机使用产生直接冲突，城市父母会通过较为隐蔽的技术限制策略来控制儿童的手机使用；他们以一种相对积极的姿态创造亲子共享手机的场景、与儿童沟通手机的使用方式、和儿童分享手机的内容等，将传统的积极中介策略与共同观看策略融合形成新型的"参与式中介策略"，具体而深入地中介着儿童的手机使用。

乡村家庭中，父母为受教育程度所限无法使用技术限制策略，只能依赖传统的限制中介策略减少或禁止儿童使用手机，这往往会造成亲子关系的紧张或冲突，长此以往给亲子关系带来较大的伤害。由于手机屏幕小，且乡村家庭大多没有投影仪等设备，也没有投屏观看的习惯，因此，亲子之间共同使用手机的场景非常少，电视时期的共同观看策略在当代乡村家庭中几乎消失。

第七章　新儿童：智能手机高度
参与的数字童年

第一节　痕迹显现与技术投射：儿童的赛博书写

文字书写的诞生、演变和传播一直是传播学研究的重要主题。德里达（Jacques Derrida）将文字和书写当作书写者的离身和缺席所带来的"痕迹"与"替补"，在此意义上，儿童的赛博书写亦可被视作一种数字技术无处不在的"痕迹"与智能设备缺席所带来的"替补"，身处数字时代的儿童实践出了一套数字性、具身性与社交性兼具的赛博书写方式，这既是数字技术在儿童身上的高度投射与痕迹显现，亦是儿童认知、理解和参与当代数字世界的具身性实践。

回顾文字书写的历史变迁，可以发现历次变迁无不回应了沃尔特·翁"文字是技术"的论断。[①] 文字书写的出现即与媒介物质性有着丝丝缕缕的关系，它不仅仅是刻写在不同载体上的文字或符号，更是 Flusser 所说的技术的"投射"。[②] 传统的书写依赖"身体之手"，通过人的手写，文字的历史延续了数千年；当活字印刷机伸出"机械之手"，对书

---

① 〔美〕沃尔特·翁：《口语文化与书面文化：语词的技术化》，何道宽译，北京大学出版社，2008，第 62 页。

② Flusser, V., *Into the Universe of Technical Images* (Minneapolis, MN: University of Minnesota Press, 2011), p. 51.

写的垄断被打破，文字书写从人的身体之手被转交给机械之手；今天"数字之手"以一种虚拟的、离身的方式记录世界。

本书发现，身处数字时代的儿童使用作业本、草稿本、日记本等纸质载体，模拟微信聊天、朋友圈等数字场景，生成纸质版的赛博书写内容。图7-1是12号访谈对象西安市三年级女孩 YZT 在笔记本上画的一个"微信群"的对话框，对话的界面与微信对话框高度相似，参与群聊天的均为她现实生活中的同班同学。

图7-1　西安市三年级女孩 YZT 和同学手绘的"微信群"

手写文字曾在数千年的人类历史中占据重要的位置，当各种技术不断迭代，高度个体化的、以纸为媒的书写在日常生活中愈发少见，人们开始担忧那个纸墨飘香的年代会一去不复返。然而，近年来包括传播学研究在内的诸多学术研究都指出，非物质信息替代物质实体并不是发展的必然趋势。数字信息的高速发展与手写文字的存在之间并非二元对立、相互取代的关系，数字信息虽然是非物质的，但它终将与某种物质形式再度结合，并在此基础上存在、传播。当然，儿童的赛博书写并不是用旧媒介（身体之手）书写新媒介的简单表征，而是数字世界以不同方式日益嵌入儿童日常生活实践之中的痕迹显现。

当数字世界的图景在面前徐徐展开，儿童以一种充满想象力的、混杂的方式生产出适合自己的书写方式。图7-1对话框里的对话内容并非由YZT一人所写，而是参与对话的几个同学一起讨论决定的。孩子们三三两两聚在一起，讨论着对话的内容，将讨论的结果用手写的方式记录在本上，并不断对记录内容进行调整、修改、装饰。他们借由手写的方式对成人世界习以为常的社交聊天内容不断进行转译和文本再生产，对儿童日常社交进行"具身"的仪式化表演，将数字时代社交中离场的人们拉回现场，催生出"数字化表达和具身书写"相结合的新文体，为数字时代的儿童提供了一种新型的、在场的社交方式。

儿童的赛博书写是一种高度情境化的书写方式，它通过身体"在场"参与文本的生产和创作，借由文本生产的过程搭建了儿童具身的沟通场景，同时，"手写文本的内容"进一步作为儿童具身沟通的话题，不断构建出新的场景。由此，赛博书写作为儿童的具身性实践，使得被打字机和印刷复印技术带走的传统手写文字的"灵晕"（aura）以生动的方式重新显现，实现本雅明意义上的灵晕迁移。但这种灵晕的存在高度依赖文本生产的情境，它只存在于两人或多人同时在场的具身场景，儿童的社交场景具有高度不确定性，灵晕的迁移也就变得时有时无。

值得注意的是，赛博书写只出现在笔者调研的城市儿童中，且多见于低年级儿童，乡村儿童的日常生活中未见到此类情况。一种可能的解释是城市父母对于低年级儿童使用手机有着更为严格的限制，儿童很少有机会接触到手机，也没有机会使用手机和同伴展开真正的线上交流，这些赛博文字就是互联网技术在儿童日常生活中的投射。

第二节　氪金选手：蛋仔世界的诱惑

近年来，随着移动互联网的普及和智能设备的增多，电子游戏在儿童中的流行度不断上升。蛋仔派对是网易研发的一款休闲游戏，玩家操控的人物是一只颜色鲜艳、形似鸡蛋的蛋仔，在不同的场景之中完成各种任务后获得通关奖励。游戏以可爱的角色设计和简单的操作方式，迅速赢得了大量儿童玩家的喜爱。网易 2024 年 2 月 29 日发布的 2023 年全年财报显示，蛋仔派对注册用户已超 5 亿，峰值 DAU（日活跃用户）超过 4000 万，成为网易有史以来日活跃用户数最高的游戏。[①] 2024 年除夕夜当天，蛋仔派对日活跃用户在线人数突破 4000 万。

与此同时，游戏中的"氪金"现象也逐渐显现。"氪金"指的是玩家在网络游戏中的充值行为，玩家通过购买虚拟物品或服务来增强游戏的体验感。蛋仔派对售卖不同的皮肤，玩家通过购买盲盒的方式获得皮肤，有从 6 元到 648 元不等的各级套餐，面对皮肤的诱惑，很多儿童"出手阔绰"，皮肤甚至会成为玩家之间相互攀比的资本。

　　×××（同班同学）的爸爸特别好，给她很多钱，听说她都氪了好几万块（指购买皮肤的花费）了，她爷爷也给钱呢……她好厉害，抽到了天穹骑士，这个很难抽的，一个盲盒要一千多块，要买很多才能抽到。

西安市三年级女孩 YZT

　　肯定会买（皮肤）啊，你要是没有皮肤，人家都不愿意和你玩，而且很多皮肤真的很漂亮，我那个糖果甜心就是我攒了很久的钱才买到的，但我现在已经不太喜欢了，我现在喜欢主唱曜星，但

---

① 《日活 4000 万！〈蛋仔派对〉火爆，00 后玩家撑起网易千亿营收？》，https://baijiahao.baidu.com/s? id＝1792315978680440047&wfr＝spider&for＝pc，最后访问日期：2024 年 3 月 12 日。

我没钱。

海则滩村六年级女孩 GJY

蛋仔派对采用抽取盲盒的方式来售卖皮肤装扮，游戏会不断推出新的皮肤来吸引玩家，盲盒的方式又增加了购买结果的不确定性，从而使得许多未成年人在该游戏上花费了大量金钱。蛋仔派对为"8+"类游戏，8岁及以上的用户均可注册账号参与游戏，但由于未成年人受防沉迷模式限制，许多儿童会以冒用监护人信息注册账号、要家长"代刷人脸认证"等方式绕过"防沉迷"系统，由此引发的未成年游戏充值退款纠纷层出不穷。

哎呀，一说这个就来气，你说她胆子多大，她偷着在我的手机上买呢，上个月她花了我800多块钱我才发现的，你说我们挣点钱可不容易了，我都不知道她买了些什么东西，肯定是被骗了。

海则滩村六年级女孩 GJY 的母亲

商家是要赚钱的，他们不会限制孩子买东西，而且现在的孩子都厉害着呢，他们会用大人的账号注册，我们家孩子的蛋仔就是拿她奶奶的手机注册的，我现在把她奶奶手机上绑定的卡密码改了，就是怕她再花钱买皮肤。

西安市四年级女孩 LYT 的母亲

城市与乡村儿童生活环境、经济条件和文化背景等各不相同，在氪金行为上也存在差异。我们发现，西安市的儿童通常拥有更多的经济资源和更广泛的社交圈子，这可能使他们在游戏中更倾向于氪金，其在游戏中的氪金金额显著高于乡村儿童。但是这并不意味着乡村儿童不会在游戏中氪金，相反，乡村儿童的氪金意愿和氪金频率都非常高。西安市儿童在蛋仔派对游戏上花费更高的另外一个重要原因是城市儿童更倾向于购买虚拟服装，追求游戏中的个性化展示和社交认同，蛋仔派对刚好符合城市儿童的购买偏好。乡村儿童更注重游戏的实用功能，他们更愿意充值购买道具、提升游戏角色能力或解锁新关卡等。

　　面对儿童的氪金行为，城市和乡村父母由于经济条件、文化背景和受教育程度的差异，态度各有不同。城市父母在一定程度上理解或支持儿童的氪金行为，对购买游戏内的虚拟物品和服务有更包容的态度。许多父母在实际生活中将对儿童氪金行为的允许当成一种亲子之间协商的手段，他们往往会以承诺为儿童购买某项服务或皮肤作为条件，要求儿童减少玩游戏的时间，这本质上是一种用金钱购买时间的方式。乡村父母对于游戏的态度更为负面，认为玩游戏就是不务正业，在游戏里花钱更是上当受骗的体现，面对儿童的氪金行为他们往往是严加管教、极力禁止。

第八章　中国城乡家庭场域的数字
差异与区隔

数字鸿沟作为一个探讨信息技术不平等的概念，不仅是传播学、社会学等诸多学科中备受关注的领域，更成为当今社会讨论的热点话题。但是少有学术研究和相关政策关注儿童之间的"数字鸿沟"。[①] 随着数字技术的深度扩散，智能手机等设备已成为当今儿童学习、娱乐、生活的重要工具。数字技术的迅速发展和高度普及很容易让我们沉浸在数字赋权的快乐之中，期待数字乌托邦的到来，或者走向另外一个极端，由于技术的过度使用陷入技术倦怠甚至抵触。这两个极端都忽视了媒介技术的复杂性，也极大地遮蔽了媒介技术在不同群体中的应用的差异。在中国的城市与乡村，社会的不平等明显地映射到媒介技术的使用过程中。中国城乡家庭实践出完全不同的智能手机驯化路径，生产出不同形态的家庭结构与亲子关系。当城乡之间拥有智能手机数量的鸿沟已经基本弥合，我们要重点关注城乡差异背后隐藏的新的数字区隔。

第一节　城乡家庭的数字差异与区隔

城市与乡村之间存在的不仅仅是地点的差异，城乡差异嵌套在权力

---

① Livingstone, S., & Helsper, E., "Gradations in Digital Inclusion: Children, Young People and the Digital Divide", *New Media & Society*, Vol. 9, No. 4, 2007: 671–696.

关系、社会资本等生活世界中，与人们的思考、行动、日常生活实践等相互联系，形成了不同的家庭媒介场域。数字时代，不同家庭的媒介技术认知、理念、技能等的差异形成了布尔迪厄所说的"惯习"的差异，它会进一步转化成一种权力关系和社会资本的悬殊，权力决定了谁能获得社会资本，谁又被社会资本排除在外，社会资本在家庭权力关系中具有能动性，影响家庭关系的再生产。

一 城乡数字鸿沟：接入沟、使用沟、知识沟

数字鸿沟的概念最早是 1995 年美国政府在一份题为"Falling Through the Net"的研究报告中提出的，用来描述美国城市和乡村地区技术拥有者（haves）和技术缺乏者（have nots）的差距。共青团中央维护青少年权益部、中国互联网络信息中心发布的《2020 年全国未成年人互联网使用情况研究报告》显示，2020 年，我国城镇未成年人互联网普及率达到 95.0%，农村未成年人互联网普及率也达到 94.7%。[①] 从数据来看，城乡未成年人互联网普及率差距基本消失。本书的田野家庭中，智能手机是普及率最高的数字产品，无论在城市还是农村，每个家庭都拥有不止一部智能手机，值得注意的是，乡村儿童拥有智能手机的数量甚至大大超过了城市儿童。但这并不代表城乡之间的接入沟已经完全消失，城乡家庭拥有数字设备种类的丰富性依然存在明显差异。城市儿童拥有电话手表、平板电脑、智能音箱等多种数字设备，他们能够根据不同的需求在众多的数字设备中做出选择，而乡村儿童则处于设备种类单一的"穷媒体"环境。

越来越多的研究发现，接入沟的窄化并不意味着数字鸿沟的消失，相反，人们由于受教育程度、数字技能和媒介素养等的差异，对数字技术的使用呈现出明显的不同。对于城市父母和儿童而言，智能手机是获

---

① 共青团中央维护青少年权益部、中国互联网络信息中心：《2020 年全国未成年人互联网使用情况研究报告》，https://pic.cyol.com/img/20210720/img_960114c132531c521023e29b6c223e438461.pdf，最后访问日期：2022 年 6 月 18 日。

取信息、通过学习提升自我、娱乐休闲、维护社交关系、进行网络消费和获取生活服务的重要工具，他们使用智能手机的场景更丰富、诉求更多元。乡村家庭的父母和儿童对智能手机的使用相对单一，他们主要使用手机娱乐放松，手机作为"玩具"的属性强于"工具"属性。

韦路和张明新[1]将数字鸿沟从接入沟和使用沟拓展到效果层面的知识沟，指出数字技术的接入和使用差异会导致公众在政治知识上的鸿沟，即第三道数字鸿沟——知识沟。人们社会经济地位、受教育程度等的差异折射到媒介技术的使用方式上，形成了不同的传播效果。城市家庭中的父母对数字技术的使用模态更丰富，他们能调动更丰富的社会资本，能凭借媒介技术增强其在社会中的可见性与行动力，进而为儿童带来更积极的支持与更多的可能性。乡村家庭中，数字技术上的"贫穷"限制了乡村儿童获取社会资本的能力，大量的娱乐化消费将他们困在技术带来的美丽"茧房"中，不仅造成了他们与城市儿童在数字世界的区隔，还可能会导致他们在社会生活中的"落后"。

二　数字时代的驯化鸿沟

传统的数字鸿沟从接入沟、使用沟、知识沟三个层面考察数字技术不同维度的差异，本书通过考察数字时代的家庭场域，发现存在于中国城乡家庭中的一道新鸿沟——"驯化鸿沟"。由于数字技术在家庭中的深度渗透，如何驯化媒介技术、如何处理人和技术的关系就成为当代家庭面临的重要挑战。具体而言，驯化鸿沟包括能否合理使用媒介技术、能否理性协调人与数字技术的关系、能否与数字技术保持恰当距离等方面的差异。

正如德布雷[2]所说，"技术提供可能性，环境起过滤作用，人进行部署"。智能手机对儿童成长究竟有怎样的作用不是由技术物自身特点

---

[1] 韦路、张明新：《第三道数字鸿沟：互联网上的知识沟》，《新闻与传播研究》2006年第4期。

[2] 〔法〕雷吉斯·德布雷：《媒介学引论》，刘文玲译，中国传媒大学出版社，2014，第91页。

决定的，而是在不同家庭对该智能手机的驯化实践过程中被确定的。在智能手机驯化的过程中，城市与乡村家庭差异巨大。他们对智能手机的态度以及对该如何在家庭情境中恰当使用手机的理解各不相同。

城市家庭中，家长对于智能手机的驯化从占有到并入有着较强的规划性与主动性，他们清晰地知道智能手机能产生的赋能作用，也了解智能手机带来的风险。他们在驯化智能手机的过程中具有较强主体性，能够让数字技术"为我所用"。面对儿童与智能手机愈发亲密的现实场景和数字技术带来的种种威胁，家长通过积极中介和参与式中介的策略，与儿童共同制定手机使用规则、创造共享场景、分享使用体验，对手机这个新的家庭成员表现出了更多的理性与包容，也实践出一种更为平等、畅通的亲子交流模式。

乡村家庭中，智能手机的驯化之路充满矛盾与无奈。乡村父母深知智能手机的种种"负能"，但他们希望通过智能手机减少孩子独自外出的时间与风险，希望它可以作为"电子保姆"分担他们的育儿压力。因此，乡村父母大多比较愿意为儿童购买智能手机。但是，儿童由于很难抵抗手机的吸引，可能会在手机上花费大量时间并影响学业，乡村父母由于缺乏足够的媒介技能和媒介素养，无法为儿童提供更为积极的建议和解决方案，只能依赖限制中介策略强行减少或禁止儿童使用手机，非常容易造成亲子间关系的紧张。城市父母面对技术带来的挑战则显得更为理性和从容，他们能在实践中摸索并找到一些应对挑战的方法，减少智能手机带来的危害。由此，城乡家庭之间对于智能手机的"驯化鸿沟"悄然出现，带来了不一样的亲子关系，伴随着儿童的成长。

第二节　不平等循环

数字鸿沟考察的是技术富有者和技术贫穷者之间的差距，今天，"技术富有者"和"技术贫穷者"之间不像以往那般界限分明，在中国城乡家庭的具体实践中，我们很难简单将城市与乡村家庭清晰划至鸿沟两侧，

"技术富有者"与"技术贫穷者"这两种身份在不同情况下相互混杂、交叠甚至转化。相比之下,"数字不平等"强调不同背景中人类与数字技术之间不同的关系,能够更准确地描述中国城市与乡村家庭在数字时代存在的种种差异。

家庭是一个复杂的生态系统,它是社会因素的投射,也是人作为主体实践的结果。通过深入调查当代中国城乡家庭中人与智能手机的关系,我们发现,由于阶层、教育背景、经济收入等的差异,城乡父母在数字时代依旧存在明显的社会地位差异,社会不平等会映射到媒介技术的使用上,同时,不同的家庭媒介实践造成了新的不平等。这种显著的、系统性的数字不平等会以代际传递的形式延伸至儿童身上,使其进入一种不平等循环。

数字不平等是人们社会地位、文化水平和阶层的差异在数字媒介领域的延伸,智能手机的作用不是由技术本身决定的,而是它在日常实践中应用的结果,即不同家庭在实践过程中对智能手机的理解和使用的结果。现实生活中,城乡家庭中父母的社会地位差异以一种结构化的方式参与到具体的家庭媒介实践之中。在这个意义上,智能手机是物质的,也是文化的,我们无法将它与现实社会情境剥离。城乡家庭处在不同传播场域之中,对人和技术的角色与关系的定义各有不同。城市家庭将手机定义为儿童进步和拓展社会关系的重要工具,并以此为前提探索人与手机更为合理的关系,最大限度地发挥智能手机的积极作用。乡村家庭认为智能手机是影响学习成绩的娱乐工具,人与技术的关系相对紧张甚至对立,其对智能手机的驯化行为也不同于城市家庭。城乡家庭处于完全不同的媒介场域,生活在其中的家庭成员的行为也被影响或规定,在具体的语境中实践出迥然不同的意义。当然,家庭成员作为行动者可以在具体的场域中发挥自己的主体性,但是从实践效果来看,其往往只是在大的规则之下进行细微抵抗或调适。

每个中国父母都希望能为孩子提供最好的条件与支持,然而,中国的城市与乡村之间,不仅仅有地域的差异,更有文化、信息等不同资本的区隔，由于个体差异和社会地位不同，城乡家庭能为儿童提供的资源并不相同。对于身处社会不利地位的乡村父母而言，面对深度媒介化的新型家庭生活，他们往往显得力不从心。由于数字技术使用能力和素养相对较低，他们没有能力帮助儿童甄别智能手机中良莠不齐的信息，也无法通过数字技术获得更多的社会资本。在与智能手机互动的过程中乡村家庭逐渐形成了带有明显文化痕迹的"惯习"，这种惯习具有能动性，影响着智能手机的驯化实践路径和父母中介策略的选择，同时也推动家庭关系的再生产。智能手机的实践并没有带来社会资本的流动，反而形成了一种更为隐形的信息屏障，将乡村家庭区隔和排除在外，形成了新型的数字区隔。

第九章　结语

"媒介总是技术、阶级、社会和政治力量交叉所产生的结果。"① 智能手机与儿童的交流和互动不仅取决于媒介物本身，不同的技术期待与需求、使用习惯、使用情境以及更大层面的社会、文化差异等都会体现在儿童的数字化成长过程中，诸多因素合为一体带来了诸多的可能性。

一　彼此渗透、相互影响：中国城乡家庭阶层差异与儿童的数字化成长

包括占有、客体化、并入、转化、去驯化等阶段的智能手机驯化过程，既受社会文化结构等宏观因素的影响，也是个人价值观的具体体现。家庭是一个经济单位，同时也是一个文化单位，它是经济地位与文化价值合力构建的产物。中国城乡家庭无论是所处社会环境、文化氛围还是自身价值观念都存在巨大差异，这些差异会投射到智能手机的驯化实践过程中，形成完全不同的驯化路径，使智能手机在儿童成长过程中发挥各不相同的作用。

在城市家庭，智能手机作为功能丰富的"工具"广泛参与到儿童的学习、生活、娱乐等日常活动中，为亲子交流提供了丰富的沟通管道和共享话题。面对智能手机，城市父母的态度更为中立，他们会警惕手

---

① 〔英〕尼克·库尔德利：《媒介、社会与世界：社会理论与数字媒介实践》，何道宽译，复旦大学出版社，2014，第12页。

机带来的负面影响，但不会简单将手机从儿童的世界中驱逐。在与智能手机不断互动的过程中，城市父母能够更快地摸清手机携带的技术特征和逻辑背景，能积极发挥其主体性和能动性，对智能手机进行更为理性的使用。在这样的手机实践过程中，亲子之间更容易发展出一种互动的、协商的、融洽的关系。

在乡村家庭中，智能手机主要充当儿童的"电子保姆"，分担着父母的育儿压力。儿童会花费大量时间使用手机，但主要是用来娱乐放松，而非学习成长。乡村父母大多对手机非常抵触，认为手机是造成儿童学习成绩下降的主要原因。正因如此，父母在干预儿童手机使用时会表现出更直接的反对或禁止，智能手机极易成为亲子之间矛盾爆发的导火索，导致父母与儿童不自觉地站在了对立的立场上，造成亲子关系的紧张或疏远。

二 数字区隔：一样的手机，不一样的童年

现实生活以其强大的逻辑渗透至数字生活之中，不同文化背景、不同经济阶层的中国城乡家庭，通过不同的手机驯化实践来确立自我身份、协商家庭互动、构建家庭关系，形成了新的家庭媒介场域。在这种被手机高度中介的"新家庭"中，智能手机的身份复杂，它不仅会对儿童的数字生活造成影响，还会介入并影响儿童的现实生活。城市家庭能主动地使用媒介来实现自身目的，他们以手机为中介，与社会建立了更为广泛的联系，获取了更多的社会资本。乡村家庭则相对"被动地"遵从或适应媒介逻辑，他们无法通过智能手机与社会建立丰富的联系，反而被手机强大的娱乐功能吸引，减少了对外部世界的探索。通过不同的智能手机实践，城乡家庭之间形成了明显的驯化鸿沟，它很大程度上影响着智能手机的实践可能性以及不同家庭获取社会资本的能动性，这进一步拉大了城乡儿童之间的距离，造成了数字时代新的区隔。

由此，城乡家庭以智能手机为中介形成的媒介场域与中国现实社会的其他场域之间相互交织、彼此影响，陷入了某种循环。现实生活中，

孤独面对洪流的个体无论如何努力、如何挣扎，都很容易被洪水冲走，但如果每个个体都能携手前行，一群人就有可能抵抗迎面而来的滔滔激流。我们需要做的，不是期待少数个体自发地站出来抵抗洪流，而是寻求建立让个体携手的机制，尤其是为社会弱势阶层的家庭提供更为多元和畅通的管道，只有有了坚实的社会机制作为后盾，个体才有机会携手合力抵抗洪流，只有社会结构与个体能动性彼此扶持，才能使整个社会长成参天巨木。

当然，本书未遵循"问题—对策"的研究范式，无法针对数字不平等给出相应的解决策略，也尽量避免陷入"结构"与"能动性"之争，因为视角不同，这个争论大概会永远持续下去。在研究过程中，既不盲目期待媒介技术带来数字平等，也不回避智能手机带来的区隔与差异；既看到现实生活中无处不在的区隔与结构性限制，也不否认个人能动性的抵抗与努力。本书希望能客观描述中国城乡家庭具体的数字生活场景与鲜活的家庭传播实践过程，为更好地理解当代中国儿童的数字化成长提供一个在地的、生动的研究案例。

本书仍存在一些局限，书中按照城乡划分家庭类型，主要分析了社会结构性因素和个体差异导致的城乡数字区隔，但是家庭是一个复杂的组织，包括不同的结构类型。比如，有双亲家庭和单亲家庭；有亲代和子代组成的核心家庭，也有隔代养育或三代人共同居住的家庭。家庭结构类型的不同可能对智能手机的驯化和儿童的数字成长产生重要影响，但由于研究能力有限，本书未能将这些因素纳入研究范围。日后的研究中希望能更充分地考虑到家庭结构类型的差异，深度挖掘关于智能手机在不同家庭的儿童成长过程中的作用的各种数据，使研究的深度和广度得到进一步提升。

参考文献

Abel, S. , Machin, T. , &Brownlow, C. , "Social Media, Rituals, and Long-Distance Family Relationship Maintenance: A Mixed-Methods Systematic Review", *New Media & Society*, Vol. 23, No. 3, 2021.

Albrechtslund, A. , & Lauritsen, P. , "Spaces of Everyday Surveillance: Unfolding an Analytical Concept of Participation", *Geoforum*, Vol. 49, 2013.

Albrechtslund, A. , "Online Social Networking as Participatory Surveillance", *First Monday*, Vol. 13, No. 3, 2008.

Alexander, A. , *Media, Children, and the Family: Social Scientific, Psychodynamic, and Clinical Perspectives* (New York: Routledge, 1994).

Alvarez, C. , Salavati, S. , Nussbaum, M. , & Milrad, M. , "Collboard: Fostering New Media Literacies in the Classroom Through Collaborative Problem Solving Supported by Digital Pens and Interactive Whiteboards", *Computers & Education*, Vol. 63, No. 3, 2013.

Anderson, M. , & Jiang, J. , *Teens, Social Media & Technology* (Pew Research Center, 2018).

Andrejevic, M. , "Surveillance and Alienation in the Online Economy", *Surveillance & Society*, Vol. 8, No. 3, 2011.

Andrejevic, M. , "The Work of Watching One Another: Lateral Surveillance,

Risk, and Governance", *Surveillance & Society*, Vol. 2, No. 4, 2004.

Austin, E. W., "Exploring the Effects of Active Parental Mediation of Television Content", *Journal of Broadcasting & Electronic Media*, Vol. 37, No. 2, 1993.

Bacigalupe, G., & Lambe, S., "Virtualizing Intimacy: Information Communication Baggini, J., "Is It Time to Ban Children from Using Smartphones?", *The Guardian*. Retrieved from http://www.theguardian.com/commentisfree/2017/dec/13/smartphone-ban-children-sleep-depression-suicide.

Ball, K., "Organization, Surveillance and the Body: Towards a Politics of Resistance", in Lyon, D. (ed.), *Theorizing Surveillance* (London: Routledge, 2006).

Balmford, W., & Davies, H., "Mobile Minecraft: Negotiated Space and Perceptions of Play in Australian Families", *Mobile Media & Communication*, Vol. 8, No. 1, 2020.

Balmford, W., Hjorth, L., & Richardson, I., *Intimate Surveillance and Children's Mobile Media Usage* (New York: Routledge, 2020).

Barcus, F. E., "Parental Influence on Children's Television Viewing", *Television Quarterly*, Vol. 8, No. 3, 1969.

Baudrillard, J., *Simulacra and Simulation* (Ann Arbor: University of Michigan Press, 1994).

Berker, T., Hartmann, M., Punie, Y., & Ward, K. J. (eds.), *The Domestication of Media and Technology* (Maidenhead: Open University Press, 2006).

Blum-Ross, A., & Livingstone, S., Families and Screen Time: Current Advice and Emerging Research (LSE Media Policy Project, 2016).

Bourdieu, P., "The Forms of Capital", in Richardson, J. (ed.), *Handbook of Theory and Research for the Sociology of Education* (New York:

Greenwood Press, 1986).

Boyd, D. , "Social Network Sites as Networked Publics: Affordances, Dynamics, and Implications", in Papacharissi, Z. (ed.), *A Networked Self* (London: Routledge, 2010).

Carlson, M. , & England, P. , "Social Class and Family Patterns in the United States", in *Social Class and Changing Families in an Unequal America* (Palo Alto: Stanford University Press, 2011).

Castells, M. , Fernandez-Ardevol, M. , Qiu, J. L. , & Sey, A. , *Mobile Communication and Society: A Global Perspective* (Cambridge: MIT Press, 2009).

Castells, M. , "Informationalism, Networks, and the Network Society: A Theoretical Blueprint", *The Network Society*, Vol. 2, No. 2, 2004.

Castells, M. , "The Internet Galaxy: Reflections on the Internet", *Business and Society*, Vol. 2, No. 2, 2001.

Castro, I. E. , & Clark, J. (eds.), *Representing Agency in Popular Culture: Children and Youth on Page, Screen, and in Between* (Lexington: Lexington Books, 2018).

Chassiakos, Y. L. R. , Radesky, J. , Christakis, D. , Moreno, M. A. , & Cross, C. , "Children and Adolescents and Digital Media", *Pediatrics*, Vol. 13, No. 3, 2016.

Chaudron, S. (ed.), Young Children (0-8) and Digital Technology: A Qualitative Exploratory Study Across Seven Countries (JRC Science and Policy Repor Publications Office of the European Union, 2015).

Chen, B. X. , "What's the Right Age for a Child to Get a Smartphone?", *The New York Times*, 2016, https://www. nytimes. com/2016/07/21/technology/personaltech/whats-the-right-age-to-give-a-child-a-smartphone. html.

Clark, A. , & Moss, P. , *Listening to Young Children: The Mosaic Approach*

(3rd edition) (London, UK: Jessica Kingsley Publishers, 2017).

Clark, L. S. , "Parental Mediation Theory for the Digital Age", *Communication Theory*, Vol. 21, No. 4, 2011.

Clark, L. S. , *The Parent App: Understanding Families in the Digital Age* (Oxford: Oxford University Press, 2013).

Colley, A. , & Maltby, J. , "Impact of the Internet on Our Lives: Male And Female Personal Perspectives", *Computers in Human Behavior*, Vol. 24, No. 5, 2008.

Davies, H. , Buckingham, D. , & Kelley, P. , "In the Worst Possible Taste: Children, Television and Cultural Value", *European Journal of Cultural Studies*, Vol. 3, No. 1, 2000.

Dervin, B. , "Communication Gaps and Inequities: Moving Towards a Reconceptualization", *Progress in Communication Sciences*, Vol. 2, No. 3, 1980.

Dishion, T. J. , & McMahon, R. J. , "Parental Monitoring and the Prevention of Child and Adolescent Problem Behavior: A Conceptual and Empirical Formulation", *Clinical Child and Family Psychology Review*, Vol. 7, No. 3, 1998.

Dubbeld, L. , "The Role of Technology in Shaping CCTV Surveillance Practices", *Information, Communication & Society*, Vol. 8, No. 1, 2005.

Duncan, G. J. , Kalil, A. , & Ziol-Guest, K. M. , "Increaing Inequality in Parental Incomes and Children's Schooling", *Demography*, Vol. 4, No. 5, 2017.

Ericson, R. V. , & Haggerty, K. D. (eds.), *The New Politics of Surveillance and Visibility* (Toronto: University of Toronto Press, 2006).

Ettema, J. S. , & Kline, F. G. , "Deficits, Difference, and Ceilings Contingent for Understanding the Knowledge Gap", *Communication Research*, Vol. 11, No. 3, 1997.

Finkelhor, D. , Turner, H. A. , Shattuck, A. , & Hamby, S. L. , "Violence, Crime, and Abuse Exposure in a National Sample of Children and Youth: An Update", *JAMA Pediatrics*, Vol. 24, No. 7, 2013.

Fitchard, K., "The Future of Mobile Networks: Beyond 4G", http://www. businessweek. com/articles/2012-12-19/the-future-of-mobile-net-works-beyond.

Ford, T., Hamilton, H., Meltzer, H., & Goodman, R., "Predictors of Service Use for Mental Health Problems among British School Children", *Child and Adolescent Mental Health*, Vol. 8, No. 3, 2008.

Foucault, M., *Surveiller et punir: Naissance de la prison* (English Translation: *Discipline and Punish: The Birth of the Prison*, translated from the French by Alan Sheridan, Harmondsworth, 1979).

Freeman, M., *Researching Children's Experiences* (Guilford Press, 2009).

Fuchs, C., Boersma, K., Albrechtslund, A., & Sandoval, M., *Introduction: Internet and Surveillance* (London: Routledge, 2012).

Gafor, A., "Construction and Validation of Scale of Parenting Style", *Guru Journal of Behavioral and Social Sciences*, Vol. 2, No. 4, 2014.

Gentile, B., Twenge, J. M., Freeman, E. C., & Campbell, W. K., "The Effect of Social Networking Websites on Positive Self-Views: An Experimental Investigation", *Computers in Human Behavior*, Vol. 9, No. 3, 2012.

Giddens, A., Held, D., & David Held, P. (eds.), *Classes, Power and Conflict: Classical and Contemporary Debates* (Los Angeles: University of California Press, 1982).

Giddens, A., *The Constitution of Society: Outline of the Theory of Structuration* (Los Angeles: University of California Press, 1984).

Graham, S., & Wood, D., "Digitizing Surveillance: Categorization, Space, Inequality", *Critical Social Policy*, Vol. 11, No. 9, 2003.

Graham, S., & Wood, D., *Surveillance, Crime and Social Control* (Routledge，2006）.

Green，J.，Stanley，C.，Smith，V.，& Goldwyn，R.，"A New Method of Evaluating Attachment Representations in Young School-Age Children: The Manchester Child Attachment Story Task"，*Attachment & Human Development*，Vol. 2，No. 1，2000.

Grusky，David B.，& Weisshaar，K.，*Social Stratification: Class，Race，and Genderin Sociological Perspective* (Boulder: Westview Press，2014).

Haddon，L.，"Mobile Media and Children"，*Mobile Media & Communication*，Vol. 6，No. 4，2013.

Haddon，L.，& Silverstone，R.，Lone Parents and Their Information and Communication Technologies (University of Sussex，Science Policy Research Unit，1995).

Hargittai，E.，"Weaving the Western Web: Explaining Differences in Internet Connectivity among OECD Countries"，*Telecommunications Policy*，Vol. 23，No. 3，1999.

Hartmann，M.，"The Triple Articulation of ICTs. Media as Technological Objects，Symbolic Environments and Individual Texts"，in Berker，T.，Hartmann，M.，Punie，Y.，& Ward，K. (eds.)，*Domestication of Media and Technology* (Maidenhead: Open University Press).

Hertlein，K. M.，"Digital Dwelling: Technology in Couple and Family Relationships"，*Family Relations*，Vol. 14，No. 2，2012.

Hinduja，S.，& Patchin，J. W.，"Personal Information of Adolescents on the Internet: A Quantitative Content Analysis of MySpace"，*Journal of Adolescence*，Vol. 19，No. 7，2008.

Hjarvard，S. "Mediatization of Society: A Theory of the Media as Agents of Social and Cultural Change"，*Nordicom Review*，Vol. 18，No. 3，2008.

Hjorth，L.，& Pink，S.，"New Visualities and the Digital Wayfarer: Reconceptualizing Camera Phone Photography and Locative Media"，*Mo-

bile Media & Communication, Vol. 9, No. 6, 2014.

Hochmuth, M. , "Children's Radio Diet", *Quarterly Journal of Speech*, Vol. 1, No. 3, 1947.

Holloway, D. , Green, L. , & Livingstone, S. , *Zero to Eight: Young Children and Their Internet Use* (Research Outputs, 2013).

Holloway, D. , Green, L. , & Love, C. , " 'It's All about the APPS' : Parental Mediation of Pre-Schoolers' Digital Lives", *Media International Australia*, Vol. 7, No. 6, 2014.

Horst, H. , Kant, R. , & Drugunalevu, E. , "Smartphones and Parenting in Fiji: Regulation and Responsibility", *Parenting for a Digital Future*, Vol. 17, No. 9, 2020.

Humphreys, L. , "Who's Watching Whom? A Study of Interactive Technology and Surveillance", *Journal of Communication*, Vol. 8, No. 7, 2011.

Ihde, D. , *Heidegger' s Technology: Postphenomenological Perspectives* (New York: Fordham University Press, 2010).

Jamieson, L. , "Personal Relationships, Intimacy and the Self in a Mediated and Global Digital Age", *Digital Sociology: Critical Perspectives*, Vol. 6, No. 3, 2013.

Jenkins, H. (ed.), *The Children's Culture Reader* (New York University Press, 1998).

Joinson, A. , & Whitty, M. , "Watched in the Workplace", *Infosecurity*, Vol. 13, No. 3, 2008.

Jones, L. M. , Mitchell, K. J. , & Finkelhor, D. , "Online Harassment in Context: Trends from Three Youth Internet Safety Surveys (2000, 2005, 2010) ", *Psychology of Violence*, Vol. 6, No. 3, 2013.

Kember, S. , & Zylinska, J. *Life After New Media: Mediation as a Vital Process* (Cambridge: MIT Press, 2012).

Koskela, H. , "Webcams, TV Shows and Mobile Phones: Empowering Exhibitionism", *Surveillance & Society*, Vol. 6, No. 13, 2004.

Lanigan, J. D., "A Sociotechnological Model for Family Research and Intervention: How Information and Communication Technologies Affect Family Life", *Marriage & Family Review*, Vol. 8, No. 13, 2009.

Lauricella, A. R., Wartella, E., & Rideout, V. J., "Young Children's Screen Time: The Complex Role of Parent and Child Factors", *Journal of Applied Developmental Psychology*, Vol. 6, No. 9, 2015.

Leaver, T., "Intimate Surveillance: Normalizing Parental Monitoring and Mediation of Infants Online", *Social Media + Society*, Vol. 11, No. 2, 2017.

Levy, S., *In the Plex: How Google Thinks, Works, and Shapes Our Lives* (Simon & Schuster, 2021).

Livingstone, S., & Bovill, M. (eds.), *Children and Their Changing Media Environment: A European Comparative Study* (Mahwah, NJ: Lawrence Erlbaum Associates, 2001).

Livingstone, S., "Children's Use of the Internet: Reflections on the Emerging Research Agenda", *New Media & Society*, Vol. 5, No. 2, 2003.

Livingstone, S., & Haddon, L., *Children, Risk and Safety on the Internet: Research and Policy Challenges in Comparative Perspective* (Bristol, UK: Policy Press, 2012).

Livingstone, S., & Helsper, E., "Gradations in Digital Inclusion: Children, Young People and the Digital Divide", *New Media & Society*, Vol. 9, No. 4, 2007.

Livingstone, S., & Helsper, E. J., "Parental Mediation of Children's Internet Use", *Journal of Broadcasting & Electronic Media*, Vol. 7, No. 10, 2008.

Livingstone, S., & Sefton-Green, J., *The Class: Living and Learning in the Digital Age* (New York: NYU Press, 2016).

Livingstone, S., & Third, A., "Children and Young People's Rights in the Digital Age: An Emerging Agenda", *New Media & Society*, Vol. 13,

No. 3, 2017.

Lupton, D. , Pedersen, S. , & Thomas, G. M. , "Parenting and Digital Media: From the Early Web to Contemporary Digital Society", *Sociology Compass*, Vol. 13, No. 3, 2016.

Lyon, D. (ed.), *Surveillance as Social Sorting: Privacy, Risk, and Digital Discrimination* (East Sussex: Psychology Press, 2003).

Lyon, D. (ed.), *Theorizing Surveillance* (London: Routledge, 2006).

Lyon, D. , *Surveillance Society: Monitoring Everyday Life* (Buckingham: Open University Press, 2001).

Maccoby, E. E. , "Why Do Children Watch Television?", *Public Opinion Quarterly*, Vol. 1, No. 9, 1954.

Mann, S. , Nolan, J. , & Wellman, B. , "Sousveillance: Inventing and Using Wearable Computing Devices for Data Collection in Surveillance Environments", *Surveillance & Society*, Vol. 11, No. 3, 2003.

Marwick, A. , "The Public Domain: Surveillance in Everyday Life", *Surveillance & Society*, Vol. 7, No. 1, 2012.

Marx, G. T. , "What's New about the 'New Surveillance'? Classifying for Change and Continuity", *Surveillance & Society*, Vol. 21, No. 5, 2002.

Mascheroni, G. , & Ólafsson, K. , *Net Children Go Mobile: Risks and Opportunities* (Milano: Educatt, 2014).

McDonald, D. G. , "Generational Aspects of Television Coviewing", *Journal of Broadcasting & Electronic Media*, Vol. 16, No. 2, 1986.

Messaris, P. , & Kerr, D. , "TV-Related Mother-Child Interaction and Children's Perceptions of TV Characters", *Journalism Quarterly*, Vol. 12, No. 1, 1994.

Morley, D. , & Silverstone, R. , "Domestic Communication—Technologies and Meanings", *Media, Culture & Society*, Vol. 8, No. 7, 1986.

Nathanson, A. I. , "Factual and Evaluative Approaches to Modifying Children's Responses to Violent Television", *Journal of Communication*, Vol. 16, No. 3, 2004.

Nathanson, A. I., "Identifying and Explaining the Relationship Between Parental Mediation and Children's Aggression", *Communication Research*, Vol. 9, No. 10, 1999.

Nathanson, A. I., "Parent and Child Perspectives on the Presence and Meaning of Parental Television Mediation", *Journal of Broadcasting & Electronic Media*, Vol. 6, No. 11, 2001.

Nathanson, A. I., "The Unintended Effects of Parental Mediation of Television on Adolescents", *Media Psychology*, Vol. 45, No. 2, 2002.

Nikken, P., & Jansz, J., "Developing Scales to Measure Parental Mediation of Young Children's Internet Use", *Learning, Media and Technology*, Vol. 19, No. 2, 2014.

Nikken, P., & Jansz, J., "Parental Mediation of Children's Video Game Playing: A Comparison of the Reports by Parents and Children", *Learning, Media and Technology*, Vol. 28, No. 2, 2006.

Nikken, P., & Schols, M., "How and Why Parents Guide the Media Use of Young Children", *Journal of Child and Family Studies*, Vol. 17, No. 2, 2015.

Notten, N., Peter, J., Kraaykamp, G., & Valkenburg, P. M., "Research Note: Digital Divide Across Borders—A Cross-National Study of Adolescents' Use of Digital Technologies", *European Sociological Review*, Vol. 19, No. 11, 2009.

Patterson, G. R., & Stouthamer-Loeber, M., "The Correlation of Family Management Practices and Delinquency", *Child Development*, Vol. 14, No. 5, 1994.

Paus-Hasebrink, I., Ponte, C., Dürager, A., & Bauwens, J., "Understanding Digital Inequality: The Interplay Between Parental Socialisation and Children's Development", in Livingstone, S. , Haddon, L. , & Görzig, A. (eds.), *Children, Risk and Safety on the Internet: Research and Policy Challenges in Comparative Perspective* (Policy Press, 2012).

Paus-Hasebrink, I. , Wijnen, C. W. , & Jadin, T. , "Opportunities of Web 2. 0: Potentials of learning", *International Journal of Media & Cultural Politics*, Vol. 18, No. 8, 2010.

Peter, J. , &Valkenburg, P. M. , " Adolescents'Internet Use: Testing the 'Disappearing Digital Divide' Versus the 'Emerging Digital Differentiation' Approach", *Poetics*, Vol. 11, No. 10, 2006.

Peter, J. , & Valkenburg, P. M. , "The Use of Sexually Explicit Internet Material and Its Antecedents: A Longitudinal Comparison of Adolescents And Adults", *Archives of Sexual Behavior*, Vol. 6, No. 3, 2011.

Pink, S. , Hjorth, L. , Horst, H. , Nettheim, J. , & Bell, G. , "Digital Work and Play: Mobile Technologies and New Ways of Feeling at Home", *European Journal of Cultural Studies*, Vol. 16, No. 6, 2018.

Qvarsell, B. , "Children's Use of Media as Transformed Experience", *Educological and Psychological Dimensions*, Vol. 13, No. 3, 2000.

Reid, G. G. , & Boyer, W. , "Social Network Sites and Young Adolescent Identity Development", *Childhood Education*, Vol. 21, No. 4, 2013.

Richardson, I. , Hjorth, L. , Strengers, Y. , & Balmford, W. , "Careful Surveillance at Play: Human-Animal Relations and Mobile Media in the Home", in Cruz, E. G. , Sumartojo, S. , & Pink, S. (eds.), *Refiguring Techniques in Digital Visual Research* (Cham: Palgrave Macmillan, 2017).

Rideout, V. J. , Foehr, U. G. , & Roberts, D. F. , Generation M2: Media in the Lives of 8-to 18-Year-Olds (a Kaiser Family Foundation study, Henry J. Kaiser Family Foundation, 2010).

Ritchie, L. D. , & Fitzpatrick, M. A. , "Family Communication Patterns: Measuring Intrapersonal Perceptions of Interpersonal Relationships", *Communication Research*, Vol. 17, No. 4, 1990.

Robins, K. , Kevin, R. , & Webster, F. , *Times of the Technoculture: From the Information Society to the Virtual Life* (East Sussex: Psychology Press, 1999).

Rothbaum, F. , Martland, N. , & Jannsen, J. B. , "Parents' Reliance on the Web to Find Information about Children and Families: Socio-Economic Differences in Use, Skills and Satisfaction", *Journal of Applied Developmental Psychology*, Vol. 19, No. 6, 2008.

Sabella, R. A. , Patchin, J. W. , & Hinduja, S. , "Cyberbullying Myths and Realities", *Computers in Human Behavior*, Vol. 9, No. 6, 2013.

Sabina, C. , Wolak, J. , & Finkelhor, D. , "The Nature and Dynamics of Internet Pornography Exposure for Youth", *Cyber Psychology & Behavior*, Vol. 23, No. 13, 2008.

Sampson, R. J. , & Laub, J. H. , "Urban Poverty and the Family Context of Delinquency: A New Look at Structure and Process in a Classic Study", *Child Development*, Vol. 21, No. 10, 1994.

Schrøder, K. C. , "Audience Semiotics, Interpretive Communities and the 'Ethnographic Turn' in Media Research", *Media, Culture & Society*, Vol. 17, No. 16, 2008.

Schutz, A. , & Luckmann, T. , *The Structures of the Life-World* (Vol. 1) (Northwestern University Press, 1973).

Selwyn, N. , "Digitally Distanced Learning: A Study of International Distance Learners' (Non) Use of Technology", *Distance Education*, Vol. 18, No. 10, 2011.

Shade, L. R. , & Singh, R. , "Honestly, We're Not Spying on Kids: School Surveillance of Young People's Social Media", *Social Media + Society*,

Vol. 22, No. 3, 2016.

Silverstone, R., & Haddon, L., "Design and the Domestication of Information and Communication Technologies: Technical Change and Everyday Life", in Mansell, R., & Silverstone, R. (eds.), *Communication by Design: The Politics of Information and Communication Technologies* (Oxford: Oxford University Press, 1996).

Silverstone, R., *Television and Everyday Life* (London: Routledge, 2003).

Sinanan, J., Hjorth, L., Ohashi, K., & Kato, F., "Mobile Media Photography and Intergenerational Families", *International Journal of Communication*, Vol. 20, No. 12, 2018.

Smith, L., Ciarrochi, J., & Heaven, P. C., "The Stability and Change of Trait Emotional Intelligence, Conflict Communication Patterns, and Relationship Satisfaction: A One-Year Longitudinal Study", *Personality and Individual Differences*, Vol. 23, No. 9, 2008.

Spears, B., & Kofoed, J., *Transgressing Research Binaries: Youth as Knowledge Brokers in Cyberbullying Research* (East Sussex: Psychology Press, 2013).

Stafford, L., & Hillyer, J. D., "Information and Communication Technologies in Personal Relationships", *Review of Communication*, Vol. 12, No. 4, 2012.

Staples, W. G., *The Culture of Surveillance: Discipline and Social Control in the United States* (New York: St. Martin's Press, 1997).

Technologies and Transnational Families in Therapy", *Family Process*, Vol. 50, No. 1, 2011.

Timan, T., & Oudshoorn, N., "Mobile Cameras as New Technologies of Surveillance? How Citizens Experience the Use of Mobile Cameras in Public Nightscapes", *Surveillance & Society*, Vol. 24, No. 8, 2012.

Tokunaga, R. S., "Social Networking Site or Social Surveillance Site? Understanding the Use of Interpersonal Electronic Surveillance in Romantic Relationships", *Computers in Human Behavior*, Vol. 19, No. 3, 2011.

Trottier, D., *Social Media as Surveillance: Rethinking Visibility in a Converging World* (New York: Routledge, 2016).

Valcke, M., Bonte, S., De Wever, B., & Rots, I., "Internet Parenting Styles and the Impact on Internet Use of Primary School Children", *Computers & Education*, Vol. 15, No. 11, 2010.

Valkenburg, P. M., Krcmar, M., Peeters, A. L., & Marseille, N. M., "Developing a Scale to Assess Three Styles of Television Mediation: 'Instructive Mediation', 'Restrictive Mediation', and 'Social Coviewing'", *Journal of Broadcasting & Electronic Media*, Vol. 21, No. 13, 1999.

Valkenburg, P. M., & Peter, J., "Online Communication among Adolescents: An Integrated Model of Its Attraction, Opportunities, and Risks", *Journal of Adolescent Health*, Vol. 19, No. 12, 2011.

Van denBulck, J., & Van den Bergh, B., "The Influence of Perceived Parental Guidance Patterns on Children's Media Use: Gender Differences and Media Displacement", *Journal of Broadcasting & Electronic Media*, Vol. 18, No. 10, 2000.

Van der Voort, T. H., Nikken, P., & Van Lil, J. E., "Replication: Determinants of Parental Guidance of Children's Television Viewing: A Dutch Replication Study", *Journal of Broadcasting & Electronic Media*, Vol. 9, No. 1, 1992.

Vekiri, I., "Socioeconomic Differences in Elementary Students' ICT Beliefs and Out-of-School Experiences", *Computers & Education*, Vol. 11, No. 13, 2010.

Vickery, J. R., "Talk Whenever, Wherever: How the US Mobile Phone Industry Commodifies Talk, Genders Youth Mobile Practices, and Domesticates Surveillance", *Journal of Children and Media*, Vol. 7, No. 8,

2014.

Wajcman, J., Bittman, M., & Brown, J. E., "Families Without Borders: Mobile Phones, Connectedness and Work-Home Divisions", *Sociology*, Vol. 13, No. 3, 2008.

Warren, M., "Communities and Schools: A New View of Urban Education Reform", *Harvard Educational Review*, Vol. 75, No. 2, 2005.

Warren, R., "Parental Mediation of Children's Television Viewing in Low-Income Families", *Journal of Communication*, Vol. 55, No. 4, 2005.

Webster, F., "Informational Capitalism: Manuel Castells", in Webster, F., *Theories of the Information Society* (New York: Routledge, 2002).

Weintraub, K. J., & Gold, M., "Monitoring and Delinquency", *Criminal Behaviour and Mental Health*, Vol. 17, No. 2, 1991.

Wilson, K. R., Wallin, J. S., & Reiser, C., "Social Stratification and the Digital Divide", *Social Science Computer Review*, Vol. 9, No. 3, 2003.

Wolak, J., Mitchell, K., & Finkelhor, D., "Unwanted and Wanted Exposure to Online Pornography in a National Sample of Youth Internet Users", *Pediatrics*, Vol. 13, No. 3, 2007.

Wolak, J., Mitchell, K. J., & Finkelhor, D., "Does Online Harassment Constitute Bullying? An Exploration of Online Harassment by Known Peers and Online-Only Contacts", *Journal of Adolescent Health*, Vol. 41, No. 6, 2007.

Zwick, D., & Cayla, J. (eds.), *Inside Marketing: Practices, Ideologies and Devices* (Oxford: Oxford University Press, 2011).

卜卫:《电子媒介和印刷媒介对儿童社会化、观念现代化的不同作用》,《现代传播》1991年第4期。

蔡菁秤:《儿童电视识读能力与父母介入儿童收视行为》,硕士学位论文,台中师范学院,2000。

陈青文:《新媒体儿童与忧虑的父母——上海儿童的新媒体使用与家长

介入访谈报告》，《新闻记者》2019 年第 8 期。

郭中实、周葆华、陆晔：《媒介素养与公民素养：一个理论关系模型》，2006 中国传播学论坛会议论文，深圳，2006 年 8 月。

海阔：《大众传媒与中国现代性——一种传播人种学研究》，博士学位论文，浙江大学，2006。

黄旦：《听音闻道识媒介——写在"媒介道说"译丛出版之际》，《新闻记者》2019 年第 9 期。

季为民、沈杰主编《青少年蓝皮书：中国未成年人互联网运用报告（2020）》，社会科学文献出版社，2020。

江林新、廖圣清、张星、申琦：《上海市少年儿童媒介接触和使用——二〇一〇年调查报告摘要》，《新闻记者》2010 年第 9 期。

金兼斌：《数字鸿沟的概念辨析》，《新闻与传播研究》2003 年第 1 期。

〔法〕雷吉斯·德布雷：《媒介学引论》，刘文玲译，中国传媒大学出版社，2014。

〔法〕雷蒙·威廉斯：《文化与社会：1780-1950》，高晓玲译，吉林出版集团有限责任公司，2011。

李岭涛、李扬：《电视媒体的发展空间：基于社交属性的思考》，《现代传播（中国传媒大学学报）》2019 年第 6 期。

李晓静、覃智强、潘颜：《智能手机使用对学龄儿童健康的影响研究》，《新闻大学》2021 年第 12 期。

〔美〕理查德·塞勒·林：《习以为常：手机传播的社会嵌入》，刘君、郑奕译，复旦大学出版社，2020。

林倩如、王智弘：《我国儿童网络成瘾研究发展现况之探讨》，《辅导季刊》2012 年第 4 期。

刘海龙：《当代媒介场研究导论》，《国际新闻界》2005 年第 2 期。

刘千才、张淑华：《从工具依赖到本能隐抑：智媒时代的"反向驯化"现象》，《新闻爱好者》2018 年第 4 期。

〔美〕刘易斯·科塞：《理念人：一项社会学的考察》，郭方等译，中央编译出版社，2004。

〔美〕刘易斯·芒福德：《技术与文明》，陈允明、王克仁、李华山译，中国建筑工业出版社，2009。

卢峰：《媒介素养之塔：新媒体技术影响下的媒介素养构成》，《国际新闻界》2015年第4期。

〔美〕罗德尼·本森：《比较语境中的场域理论：媒介研究的新范式》，韩纲译，《新闻与传播研究》2003年第1期。

〔加〕马歇尔·麦克卢汉：《理解媒介——论人的延伸》，何道宽译，商务印书馆，2000。

〔美〕玛格丽特·米德：《文化与承诺：一项有关代沟问题的研究》，周晓虹、周怡译，河北人民出版社，1987。

〔法〕米歇尔·福柯：《规训与惩罚：监狱的诞生》，刘北成、杨远婴译，生活·读书·新知三联书店，2003。

〔美〕尼尔·波兹曼：《娱乐至死》，章艳译，广西师范大学出版社，2011。

〔美〕尼古拉·尼葛洛庞帝：《数字化生存》，胡泳、范海燕译，电子工业出版社，2017。

〔英〕尼克·库尔德利：《媒介、社会与世界：社会理论与数字媒介实践》，何道宽译，复旦大学出版社，2014。

〔英〕帕特里克·贝尔特：《二十世纪的社会理论》，瞿铁鹏译，上海译文出版社，2002。

〔法〕皮埃尔·布尔迪厄：《关于电视》，许钧译，南京大学出版社，2012。

〔美〕唐·伊德：《技术与生活世界——从伊甸园到尘世》，韩连庆译，北京大学出版社，2012。

王敏：《从"常规"到"惯习"：一个研究框架的学术史考察》，《新闻与传播研究》2018年第9期。

王倩、李昕言：《儿童媒介接触与使用中的家庭因素研究》，《当代传播》2012年第2期。

王嵩音：《家长介入行为影响青少年网路正负面使用行为之研究》，《中华传播学刊》第 30 期，2016 年 12 月。

王炎龙、王石磊：《"驯化"微信群：年长世代构建在线家庭社区的在
　　地实践》，《新闻与传播研究》2021 年第 5 期。

韦路、谢点：《全球数字鸿沟变迁及其影响因素研究——基于 1990—2010
　　世界宏观数据的实证分析》，《新闻与传播研究》2015 年第 9 期。

吴国盛：《时间的观念》，商务印书馆，2019。

吴璟薇、曾国华、吴余劲：《人类、技术与媒介主体性——麦克卢汉、基
　　特勒与克莱默尔媒介理论评析》，《全球传媒学刊》2019 年第 6 期。

徐生权：《媒介会甘于做一个信使么？——论媒介的"纠缠"与"衍
　　射"》，《国际新闻界》2021 年第 11 期。

杨一帆、潘君豪：《老年群体的数字融入困境及应对路径》，《新闻与写
　　作》2021 年第 3 期。

〔美〕约书亚·梅罗维茨：《消失的地域：电子媒介对社会行为的影
　　响》，肖志军译，清华大学出版社，2002。

张蕊：《交互涵化效应下土味短视频对城镇化留守儿童的影响》，《现代
　　传播》2019 年第 5 期。

赵满儿：《反思"他者"的界限：家乡人类学的叩问》，《社会科学战
　　线》2021 年第 8 期。

郑震：《空间：一个社会学的概念》，《社会学研究》2010 年第 5 期。

周裕琼、林枫：《数字代沟的概念化与操作化：基于全国家庭祖孙三代
　　问卷调查的初次尝试》，《国际新闻界》2018 年第 9 期。

周裕琼：《数字代沟与文化反哺：对家庭内"静悄悄的革命"的量化考
　　察》，《现代传播》2014 年第 2 期。

图书在版编目(CIP)数据

智能手机与儿童的数字化成长 / 高晓瑜著 . --北京：
社会科学文献出版社，2024. 10. --ISBN 978-7-5228
-4248-6

Ⅰ. G782

中国国家版本馆 CIP 数据核字第 2024A1A037 号

智能手机与儿童的数字化成长

著　　者 / 高晓瑜

出 版 人 / 冀祥德
责任编辑 / 张建中
文稿编辑 / 陈彩伊
责任印制 / 王京美

出　　版 / 社会科学文献出版社 · 文化传媒分社（010）59367004
　　　　　　地址：北京市北三环中路甲 29 号院华龙大厦　邮编：100029
　　　　　　网址：www.ssap.com.cn
发　　行 / 社会科学文献出版社（010）59367028
印　　装 / 三河市龙林印务有限公司

规　　格 / 开 本：787mm×1092mm　1/16
　　　　　　印 张：12.75　字 数：182 千字
版　　次 / 2024 年 10 月第 1 版　2024 年 10 月第 1 次印刷
书　　号 / ISBN 978-7-5228-4248-6
定　　价 / 79.00 元

读者服务电话：4008918866